はじめに

　本書は、宅建士本試験・**全50問**の出題内容としてほぼ定着している「**50テーマ**」に合わせて厳選した、必ず狙われる**最重要ポイント**を、あらかじめ設定された**7日間**という"**超短期計画**"で**速攻マスター**するための、**暗記に特化**した実戦的なツールです。

　直近の出題傾向をきっちり分析し、今年の**合格**に欠かせない知識を、ビジュアルやイメージで頭にインプットしやすい**図表・フローチャート**などで、一気に整理しました。幅広い試験内容の「**スピーディでスムーズな横断整理・確認・インプット**」に最適です。

　本試験のヤマとなる「**直近の法改正**」「**最新統計データ**」までしっかりカバー、記憶の定着に欠かせない「**赤シート**」も付いています。

　いつでも気軽に持ち歩いて、スキマ時間も有効活用したい、残りわずかな直前期の"**追い込み学習**"に、是非お役立てください！

　本書をご利用くださった受験生の皆さまの、今年の「**ズバリ合格！**」を、心より祈念いたします。

2024年5月

宅建士合格研究ゼミナール

＊本書は、令和6年4月1日施行中の法令等に基づいて編集しています＊

Contents

宅建士 ズバリ予想！テーマ50

本書の利用法

本書は、宅建士試験の直近の出題傾向に沿った最重要ポイントを、効率よく確認・インプットできる暗記本です。薄くて手軽、いつでも携帯できて、スキマ時間の有効活用に加え、「過去問」「予想問題」を解く際のに便利な"サブテキスト"としても大活躍します！

12年間の出題実績
過去12年間におけるこのテーマの本試験での「出題回数」です。重要度の目安にしましょう。

冒頭コラム
このテーマの「具体的な攻略方法」や「要注意点」など、使える受験情報をコンパクトに収載しました。

「プラスα」
表中のキーワードにプラスして確認したい内容を、「補足」としてアイコン同士で関連づけて収載しました。

「赤シート」を使ってバッチリ記憶！
絶対記憶したい、落としたくない**重要数字**や**キーワード**は、赤シートで消える太赤ゴシック表記です。

学習**3日目**

ズバリ予想！

16 都市計画法②（開発許可）
法令上の制限

12年間で**12**回の出題

開発許可の論点は、**毎年1問**出題されています。**一定規模未満**の面積で**許可不要**になるケース・**建設予定建築物等の用途**等で許可不要になるケースを覚えておきましょう。

1 「開発行為」とは

開発行為の要件		❶ 建築物の建築または特定工作物の建設を主たる目的とすること❶	❶❷両方必要
		❷ 土地の区画・形質の変更をすること❶	
「特定工作物」の種類	❶ 第1種特定工作物	コンクリートプラント・アスファルトプラント等、周辺地域の環境を悪化させるおそれのあるもの（面積は不問）	
	❷ 第2種特定工作物	ゴルフコース（面積は不問）	
		野球場・庭球場・遊園地・その他運動・レジャー施設等の大規模な工作物	1ha以上

プラスαの❶
- 建築物・特定工作物の建築を目的としない土地の区画・形質の変更
- 建築物・特定工作物を建築しても、土地の区画・形質の変更を伴わない場合

開発行為に**該当しない**

2 開発許可が不要となる小規模な開発行為 超頻出

許可不要となる面積	❶ 都市計画区域	市街化区域	**1,000**㎡未満
		市街化調整区域	面積に関係なく、原則、許可が必要
		区域区分の定めがない都市計画区域	3,000㎡未満
	❷ 準都市計画区域		
	❸ 上記❶❷（都市計画区域・準都市計画区域）以外		10,000㎡（1ha）未満

学習3日目

3 開発許可が不要となる用途等

	都市計画区域内			都市計画区域外	
	市街化区域	市街化調整区域	区域区分の定めがない都市計画区域	準都市計画区域	その他
農林漁業者の自宅や農林漁業用建築物	許可必要	許可不要			
• 公益的建築物（駅舎・図書館・公民館等） • 「都市計画事業等」として行う場合 • 公有水面埋立法の免許を受けて行う場合 • 非常災害の応急措置 • 通常の管理行為・軽易な行為	許可不要				

4 開発許可の「要・不要」の判断

💡**頻出**
🔧**法改正**

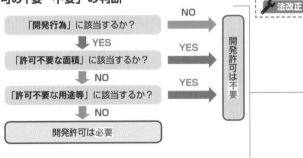

- 「開発行為」に該当するか？ → NO
- YES ↓
- 「許可不要な面積」に該当するか？ → YES
- NO ↓
- 「許可不要な用途等」に該当するか？ → YES
- NO ↓
- 開発許可は必要

開発許可は不要

5 開発許可の手続

開発許可をしようとする者は、次の❶❷両方の手続をとることが必要です。

❶ 公共施設の取扱い	あらかじめ開発行為に関係がある公共施設	管理者と協議し、その同意を得ること
	開発行為または当該開発行為に関する工事により設置される公共施設	管理者となる者その他政令で定める者と協議しなければならない❷
❷ 関係権利者の相当数の同意を得ること		

プラスαの❷ 「協議」だけで足り、「同意」は不要。

📝 狙われる!! 重要過去問【R元-問16-肢3】

市街化調整区域において、野球場の建設を目的とした8,000㎡の土地の区画形質の変更を行おうとする者は、あらかじめ、都道府県知事の許可を受けなければならない。

答え 1ha（10,000㎡）未満の野球場は特定工作物に該当しないので、本問の土地の区画形質の変更を行うにあたり、開発許可は不要。 ✕

法令上の制限
16 都市計画法②（開発許可）

読者特典「Webダウンロードサービス」のご案内

＊ 本書ご利用の読者様「**限定特典**」として、**1**を
「**ダウンロードサービス**」でご提供いたします。 ＊

1 本書収録の「各テーマ」の内容とあわせた学習で**実力強化**できる
過去問から厳選した『**一問一答集**』です。理解度を確認しましょう！

【ダウンロード方法】
［サービスご利用開始：2024年8月下旬予定］

❶ 下記URL、もしくは右の「QRコード」にアクセス
してください。

⬇

https://www.jssbook.com/book/b644279.html

❷ 次の「パスワード」の入力が必要です。 ➡ **jss24108401**

2 本試験で出題される可能性が高い「令和6年版 土地白書」（国土交通省：本書編
集時点では未公表）等の**統計データ**をお知らせいたします（下記「**住宅新報出
版ウェブサイト**」で、2024年8月末日頃掲載予定）。

【令和6年度 宅建士本試験・解答速報のご案内】

住宅新報出版では、令和6年度宅地建物取引士本試験終了後に「**解答速報**」
を公開いたします。下記URL、もしくは「QRコード」にアクセスいただき、
ブックマークをお願いいたします。

住宅新報出版ウェブサイト https://www.jssbook.com

2024年版

宅建士

ズバリ予想！50

テーマ

住宅新報出版

権利関係

制限行為能力者・意思表示

12年間で
11回の
出題

意思表示は、**対抗要件**（後出「**9**」）との複合問題として、頻出です。取消し「**前**」であれば意思表示の問題、取消し「**後**」であれば**対抗要件**の問題として考えましょう。

1 制限行為能力者のまとめ

（1）単独行為（制限行為能力者が1人で行う契約等）の可否

○…単独で可　✕…単独では不可（＝取り消し得る行為）

	行為の種類	単独行為ができるか？
未成年者（18歳未満）	法定代理人の同意を得ていない行為（売買契約等）	✕
	●単に権利を得、義務を免れる行為 ●処分を許された財産の処分 ●許可された営業に関する行為 ➡「許可された営業に関する行為」以外は、**単独**で行うことは**不可**	○
成年被後見人	法定代理人の同意を得た行為	✕
	日常生活に関する行為	○
被保佐人	重要な財産に関する法律行為（借財・保証・贈与の申出の拒絶・不動産の売買・訴訟行為・大規模な修繕・一定期間を超える賃貸借　等）	✕
	●重要な財産に関する法律行為以外の行為 ●日常生活に関する行為	○
被補助人	重要な財産に関する法律行為のうち、家庭裁判所の審判で定められたもの	✕
	家庭裁判所の審判で定められていない行為	○

（2）保護者の権限

○…権限あり　▲…家裁の審判で付与　✕…権限なし

制限行為能力者の種類	保護者	保護者が持っている権限			
		代理権	同意権	取消権	追認権
未成年者	親権者等	○	○	○	○
成年被後見人	成年後見人	○	✕	○	○
被保佐人	保佐人	▲	○	○	○
被補助人	補助人	▲	▲	▲	▲

2 意思表示と第三者 💡頻出

具体例 売主Aと買主Bが甲土地を売買し、甲が第三者Cに転売された後に、売買契約が無効、または取消しとなった。

❶ 売買　❸ 無効・取消し

売主A　　買主B　　❷ 転売　　第三者C　　甲

Aは、Cに無効・取消しを主張して土地を返してもらえるか？

		当事者間の効力（A➡B）	第三者に主張できるか（A➡C）
心裡留保	原則	有効	善意の第三者に対する 無効の主張は**不可**
	例外	相手方が**悪意または有過失➡無効**	
虚偽表示		**無効**	善意の第三者に対する無効の主張は**不可**
錯誤		取消し可　**【取消しをするための要件】** ❶ 法律行為の目的及び取引上の社会通念に照らして重要な錯誤であること ❷ 表意者に**重過失がないこと**◀**1** ❸ 動機の錯誤の場合は、相手方に動機を**表示**していること	善意無過失の第三者に対する 取消しの主張は**不可** **3**
詐欺		● 取消し可 ● 第三者 **2** による詐欺 　➡相手方が**善意無過失**のときは取消し**不可**	善意無過失の第三者に対する 取消しの主張は**不可** **3**
強迫		● 取消し可 ● 第三者 **2** による強迫 　➡相手方が**善意無過失**でも取消し**可**	善意無過失の第三者に対する 取消しの主張は**可** **3**

プラスαの 1　表意者に重過失があっても**取消しができる**場合：

相手方が
- 表意者に錯誤があることを**知っていた**
- 表意者に錯誤があることを**重大な過失**で知らなかった
- 表意者と**同一の錯誤**に陥っていた

2　この「第三者」は、「買主Bから転売を受けた者」ではなく、B以外の「売主Aを詐欺・強迫した者」を指している点に注意。

3　詐欺・強迫等による意思表示をした者と「取消し後の第三者」は**対抗関係**となり、善意・悪意や過失の有無と無関係に、**登記**を先に備えた方が優先される。

✏️ 狙われる!! 重要過去問【R2(10月)-問6-肢3】

　Aは、自己所有の時価100万円の名匠の絵画を贋作だと思い込み、Bに対し「贋作であるので、10万円で売却する」と言ったところ、Bも同様に贋作だと思い込み、「贋作なら10万円で購入する」と言ってAB間に売買契約が成立した場合、AはBに対し、錯誤による取消しができる。

答え　AもBも同一の錯誤に陥っているので、Aは錯誤による取消しができる。　○

学習1日目

ズバリ予想！

2

権利関係

代 理

12年間で **5**回の **出題**

> **代理**では、特に**無権代理**がよく狙われます。無権代理の**相手方の権利行使の要件等**が間違えやすいので、きちんと整理しましょう。

1　代理の成立要件・効果

成立要件	❶ 代理権の存在	本人から代理人に対して、代理権の授与があること ◀❶
	❷ 代理行為をすること	代理人が顕名をして、相手方と契約等をすること（代理行為）◀❷
効　果	本人と相手方の間に直接効力が発生する（＝契約が成立する）	

プラスαの❶　制限行為能力者でも代理人に**なれる**が、制限行為能力者が任意代理人として締結した契約を、本人及び制限行為能力者である代理人が取り消すことは**不可**。

❷

代理人が顕名をした場合			本人と相手方の間に契約の効力が発生	
代理人が顕名をしなかった場合	原則		代理人と相手方の間に契約の効力が発生	
	例外	相手方が	・代理人であることを知っていた（悪意） ・代理人であることを知らなかったことに過失がある（有過失）	本人と相手方の間に契約の効力が発生

2　自己契約・双方代理・利益相反行為

❶ 自己契約	代理人が本人を代理して自分自身と契約すること	
❷ 双方代理	契約当事者双方の代理人となること	**無権代理行為と** **みなされる**❸
❸ 利益相反行為	代理人と本人の利益が相反する行為のこと	

プラスαの❸
- ❶自己契約・❷双方代理の場合で、**単なる債務の履行**、または本人が**あらかじめ許諾**した行為のどちらかに該当➡**有効な代理行為**となる。
- ❸利益相反行為でも、**本人があらかじめ許諾**した場合は、**有効な代理行為**となる。

権利関係

2
代
理

3 復代理人

「復代理人」とは			本人から代理権を得た代理人から、さらに選任された代理人
復代理人の選任の可否	任意代理	原則	復代理人の選任は不可
		例外	❶ 本人の許諾を受けた場合 ❷ やむを得ない事情がある場合 ┐ どちらかに該当すれば選任可
	法定代理		いつでも復代理人の選任は可
選任に関する代理人の責任	任意代理		復代理人の行為について債務不履行責任を負う
	法定代理	原則	全責任を負う
		例外	やむを得ない場合➡復代理人の選任・監督責任を負う
効 果			● 復代理人は、代理人と同じ範囲内で代理権を有する ● 代理人の代理権が消滅すれば、復代理人の代理権も消滅する

4 代理権の消滅事由

O…消滅しない **✕**…消滅する

		死亡	破産手続開始の決定	後見開始の審判
任意代理	本人	✕	✕	O
	代理人		✕	✕
法定代理	本人		O	O
	代理人		✕	✕

5 無権代理 💡頻出

 無権代理人と契約等をした相手方には、**本人に対する履行請求権等が原則ない**ので、その代わりに、相手方には、次の権利が認められているんですよ！

相手方の権利	権利を行使するための要件	効果
催 告	相手方が悪意または有過失であっても可	確答がない場合 ➡追認拒絶とみなされる
取消し	相手方が善意・本人が追認する前	契約はさかのぼって無効
無権代理人への責任追及	❶ 相手方の善意無過失 【4】 ❷ 無権代理人が制限行為能力者でないこと	無権代理人に対して履行の請求または損害賠償請求ができる
表見代理の主張	❶ 相手方の善意無過失 ❷ 本人に帰責性がある	無権代理は有効

プラスαの 4 過失があっても、無権代理人が悪意の場合は、責任追及が可。

✎ 狙われる!! 重要過去問【H26-問2-ア】

　代理権を有しない者がした契約を本人が追認する場合、その契約の効力は、別段の意思表示がない限り、追認をした時から**将来に向かって**生ずる。

答え　契約の効力は、**契約をした時にさかのぼって**生じる。　　　✕

ズバリ予想！

3

権利関係 ────────

時 効

12年間で 8回の 出題

時効はH29 ～ R 2 年度試験では連続して、その後、R 4 ・ 5 年度でも出題された、近年の頻出論点です。**取得時効・消滅時効**のどちらも同じくらいの頻度ですので、**時効の要件等**をしっかり覚えましょう。

1 債権の消滅時効の期間

❶ 債権者が権利を行使できることを知った時から**5年**	┐
❷ 権利を行使できる時から**10年**（人の生命・身体の侵害の場合は**20年**）	┘ どちらか**早い方**で消滅する

2 時効の完成猶予・時効の更新（主なもの）

時効の完成猶予・更新となる事由		効果
❶ 時効の完成猶予のみ	催告	催告の時から**6ヵ月間**は、時効の完成が猶予される ❶
❷ 時効の更新のみ	承認	承認した時から時効は**更新**する
❸ ❶❷（時効の完成猶予・時効の更新）の両方に該当	● 裁判上の請求 ● 支払督促 ● 訴訟上の和解・調停 ● 破産手続参加・再生手続参加・更生手続参加	● 手続開始から終了までは、完成猶予される ● 権利が確定して手続が終了した場合は、更新される ● 権利が確定しないで手続が取下げ・却下等で終了した場合は、手続終了から**6ヵ月間**は、さらに完成猶予される

プラスαの❶ 催告による最初の時効の完成猶予期間（**6ヵ月間**）中に再度催告をしても、完成猶予は**生じない**（＝催告による時効完成猶予は、最初にした催告のみに認められる）。

3 取得時効
（1） 所有権の取得時効の要件

定義	一定期間の経過により、権利が取得できること
要件	❶ 所有の意思を持って　❷ 平穏かつ公然に ❸ 善意・無過失で占有を開始した場合は**10年間** それ以外（**悪意か有過失の場合**）は**20年間**　　占有 **❷** を継続 ➡所有権を取得できる

プラスαの❷ 他人に貸している場合（＝間接占有）は、その期間も「自己の占有期間」に含まれる。

（2） 占有の承継

 買主・相続人等は、前占有者（売主・被相続人等）の占有期間や占有開始時の状態（善意無過失である等）を引き継ぐことができるんです！

前の占有者が善意無過失	前の占有者の占有期間とあわせて**10年で時効完成 ❸**
前の占有者が悪意または有過失	前の占有者の占有期間とあわせて**20年で時効完成**

プラスαの❸ 【前の占有者の占有期間を承継するケース】

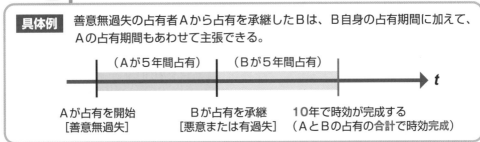

具体例 善意無過失の占有者Aから占有を承継したBは、B自身の占有期間に加えて、Aの占有期間もあわせて主張できる。

（Aが5年間占有）　（Bが5年間占有）　　　　　　　　　　　　　*t*

Aが占有を開始　　　Bが占有を承継　　　10年で時効が完成する
[善意無過失]　　　　[悪意または有過失]　（AとBの占有の合計で時効完成）

4 時効の援用・時効の利益の放棄

「時効の援用」とは	● 時効の完成によって利益を受ける者が、時効の完成を主張すること ● 主たる債務者だけでなく、**保証人**等も援用できる
「時効の利益の放棄」とは	● 時効の完成によって利益を受ける者が、時効の完成による利益を放棄すること ● 放棄は、あらかじめすることが**できない**

狙われる!! 重要過去問【H27-問4-肢2】

Aの所有する甲土地をBの父が11年間所有の意思をもって平穏かつ公然に占有した後、Bが相続によりその占有を承継し、引き続き<u>9年間</u>所有の意思をもって平穏かつ公然に占有していても、Bは、時効によって甲土地の所有権を取得することはできない。

答え Bは父の占有（11年間）を承継し、自分の占有とあわせて20年の占有期間を主張できるので、Bは所有権を**取得できる**。　　　　　　　　　　**×**

権利関係 ————————————————
債権・債務等
（債務不履行・弁済等）

12年間で
8回の
出題

● 債務不履行は、**債務者の帰責事由の要否**等、損害賠償請求や契約解除の**要件**に注意しましょう。

● **相殺**は、細かい論点から何度も出題されているので、相殺が**可能な**ケース・**不可能な**ケースをしっかり覚えましょう。

1　債務不履行

定　義	債務者が、**正当な事由なく債務の本旨に従った履行をしないこと**
債務不履行の効果	債権者は、債務者に対して**損害賠償請求**及び**契約の解除**ができる

2　履行遅滞

要　件	❶ 履行できるのに履行期を過ぎたこと ❷ 履行遅滞が違法であること		
履行期と遅滞となる時期	債務の履行期		遅滞となる時期
	確定期限のある債務		期限（支払日・引渡し日）の到来の時
	不確定期限のある債務		❶ 期限が到来した後に、債務者が履行の請求を受けた時 ❷ 債務者が期限が到来したことを知った時　どちらか早い時から
	期限の定めのない債務		債権者が**履行の請求**をした時から
履行遅滞の効果（債権者の権利）❶	❶ 損害賠償請求	留意点	債務不履行が、災害による場合等契約その他の債務の発生原因及び取引上の社会通念に照らして債務者の責めに帰することができない事由の場合は、損害賠償請求できない
	❷ 契約の解除		●解除をするには、原則、相当の期間を定めて**催告**することが必要 ●債務不履行が取引上の社会通念等に照らして**軽微**なときは、解除できない ●債権者に**帰責事由**がある場合は、解除できない

> **プラスαの❶** 同時履行の抗弁権や留置権等がある場合は、債務者が履行しなくても違法ではないので、履行遅滞にならない。

3 履行不能

要　件	履行期に履行が**不可能**であること 	
履行不能の効果 （債権者の権利）	❶ 損害賠償 　　請求	留意点	債務不履行が、災害による場合等契約その他の債務の発生原因及び取引上の社会通念に照らして債務者の責めに帰することができない事由の場合は、損害賠償請求できない
	❷ 契約の 　　解除		● 解除にあたり、**催告は不要** ● 債務不履行が取引上の社会通念等に照らして**軽微**なときは解除できない ● 債権者に**帰責事由**がある場合は、解除できない

プラスαの❷：「履行の可否」は、契約内容や取引上の社会通念に照らして判断される。

4 金銭債務の特則

❶ **不可抗力**があっても、債務不履行となる
❷ **履行不能とはならない**
❸ 債権者は損害の証明をすることが**不要**
❹ 損害賠償の額は、**法定利率（3％：3年ごとに見直される）**

プラスαの❸：当事者間で法定利率を超える**約定利率**があれば、そちらが適用される。

5 損害賠償額の予定

❶ 違約金は、**損害賠償額の予定**と推定される
❷ 債権者は債務不履行の事実を証明できれば、**損害の発生・損害額の証明は不要**

6 危険負担

「危険負担」とは	当事者双方の責めに帰することができない事由によって債務不履行に陥った場合に、「どちらがリスクを負担するか」ということ
当事者双方の責めに帰することができない事由で債務を履行できなくなったとき （**例** 建物が災害で滅失した場合）	買主は、反対給付の履行を**拒む**ことができる
引渡しがあった後にその建物等が当事者双方の責めに帰することができない事由で滅失等した場合	❶ 買主は、その滅失・損傷を理由として、履行の追完の請求・代金の減額の請求・損害賠償の請求・契約の解除をすることが**できない** ❷ 買主は、代金の支払を**拒めない**

権利関係

4 債権・債務等（債務不履行・弁済等）

7 弁済

定　義	債務者が債務の本旨（本来の目的）に従って給付を行い、これにより債権が消滅すること
受領権者の外観を有する者に対する弁済	受領権者以外の者で受領権者としての外観を有する者に対して行った弁済は、その弁済をした者が善意無過失の場合に限り、有効となる

<table>
<tr><td rowspan="6">第三者弁済</td><td colspan="3">● 債務者以外の第三者が弁済をすることも可能</td></tr>
<tr><td colspan="3">● 弁済につき正当な利益を有しない第三者が弁済する場合：</td></tr>
<tr><td rowspan="2">債務者の意思に反する場合</td><td>原則</td><td>第三者弁済は禁止</td></tr>
<tr><td>例外</td><td>債務者の意思に反することを債権者が知らなかったときは、その弁済は有効</td></tr>
<tr><td rowspan="2">債権者の意思に反する場合</td><td>原則</td><td>第三者弁済は禁止</td></tr>
<tr><td>例外</td><td>第三者が債務者の委託を受けて弁済をする場合で、そのことを債権者が知っていたときは、その弁済は有効</td></tr>
</table>

8 相殺

定　義	対立する同種の目的の債権を対当額で消滅させること
相殺の行使要件	❶ 債権が対立していること ❷ 双方の債権が同種の目的をもつこと ❸ 自働債権が弁済期にあること ｝すべて必要 ❹ 相殺が禁止されていないこと **4**
悪意による不法行為等と相殺	❶ 悪意による不法行為に基づく損害賠償債務 ❷ 人の生命・身体の侵害による損害賠償債務 ｝受働債権として相殺できない **5**
消滅時効と相殺	時効によって消滅した債権が、時効消滅前に相殺適状にあるときは、債権者は相殺することができる

<table>
<tr><td rowspan="3">差押えと相殺</td><td>差押え「前」に取得した債権</td><td>相殺可</td></tr>
<tr><td>差押え「後」に取得した債権</td><td>相殺不可</td></tr>
<tr><td>差押え「後」に取得した、差押え「前」に生じた原因による債権</td><td>相殺可</td></tr>
</table>

プラスαの4 ・相手方に同時履行の抗弁権がある
・当事者で相殺禁止の特約をしている ｝場合➡相殺できない

5 自働債権として相殺することはできる。

9 同時履行の抗弁権 💡頻出

「同時履行の抗弁権」の定義	契約当事者の一方が、相手方が債務の履行を提供するまでは、自分の債務の履行を拒むことができる権利のこと
同時履行の抗弁権が準用される 例	● 契約の解除・取消しによる当事者双方の原状回復義務 ● 賃貸人の修繕義務と賃借人の賃料支払義務 ● 賃借人の建物買取請求権と賃貸人の土地の明渡し請求 ● 買主の代金支払義務と売主の所有権移転登記義務
同時履行の抗弁権が準用されない 例	● 賃貸人の敷金返還義務と賃借人の賃借物の明渡し義務 ● 賃借人の造作買取請求権と賃貸人の建物の明渡し請求 ● 債務者等の弁済と抵当権者による抵当権設定登記の抹消義務

📝 狙われる!! 重要過去問【R2(12月)-問4-肢1】

債務の履行について不確定期限があるときは、債務者は、その期限が到来したことを知らなくても、期限到来後に履行の請求を受けた時から遅滞の責任を負う。

答え 債務者が期限到来を**知った時**か、期限到来後に**履行の請求**を受けた時のどちらか**早い時**から履行遅滞となる。　　○

【H30-問9-肢1】

Aは、令和6年10月1日、A所有の甲土地につき、Bとの間で、代金1,000万円、支払期日を同年12月1日とする売買契約を締結した。この場合、BがAに対して同年12月31日を支払期日とする貸金債権を有している場合には、Bは同年12月1日に売買代金債務と当該貸金債権を対当額で相殺することができる。

答え Bの債権は弁済期に**ない**ので、**B**からの相殺はできない。　　×

権利関係

4 債権・債務等（債務不履行・弁済等）

権利関係

債権譲渡

譲渡制限特約付きの債権譲渡も、原則、**有効**である点に注意しましょう。悪意または**重大な過失がある譲受人**に対しても、支払を拒めるものの、**譲渡自体は有効**となります。

1　債権譲渡

定　　義	債権の同一性を保ちながら、契約により譲渡人（元々の債権者）から譲受人に債権を移転させること
債権譲渡の効果	債務者は、債権譲渡の通知がされる前まで譲渡人に主張できたこと（反対債権による相殺等）を、譲受人にも主張することができる
「将来債権」の譲渡	将来発生する診療報酬・売掛金・請負報酬等も、譲渡可能

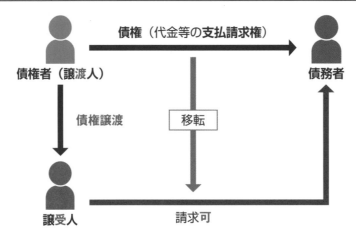

2　債権譲渡と相殺の主張

債権が譲渡された場合に、債務者が譲受人に対して**相殺を主張できるか**どうかについては、次のとおりで〜す！

債権譲渡の対抗要件が備わるより**前**に取得した債権	相殺可
債権譲渡の対抗要件が備わった**後**に取得した債権	相殺**不可**

3　債権譲渡制限特約付き債権の譲渡

債権譲渡を制限する特約の効果	原則	譲渡制限が付された債権であっても、譲渡自体は有効　🔟
	例外	悪意または重過失の譲受人に対しては、履行を拒むことができる
立証責任		譲受人の悪意または重過失については、債務者が立証責任を負う

> **プラスαの🔟**：預貯金債権の譲渡制限特約について悪意または重過失の譲受人に対する債権譲渡は、無効。

4　債権譲渡の対抗要件

（1）　債務者への対抗要件と第三者への対抗要件

対「債務者」	❶ 譲渡人から債務者への**通知** ❷ 債務者の**承諾**　🔣
対「第三者」	❶ 譲渡人から債務者への**確定日付ある通知** ❷ 債務者の**確定日付ある承諾**　🔣

> **プラスαの🔣**：承諾は、譲渡人・譲受人のどちらに対して行っても可。

（2）　債権が二重譲渡された場合

ケース		どちらが優先するか
❶ 一方の譲渡だけが確定日付のある通知等による場合		確定日付のある通知等をした譲渡が優先
❷ 両方の譲渡が確定日付のある通知等による場合	一方の通知が先に到達	債務者に、確定日付のある通知が先に到達した譲渡が優先
	両方の通知が同時に到達	両方の譲渡に優劣はない ➡ ❶ 各譲受人は、債権全額の請求ができる 　 ❷ 債務者はどちらかの譲受人に弁済すればよい

🖊 狙われる!! 重要過去問【R3(10月)-問6-肢4】

　債権の譲渡は、<u>譲渡人</u>が債務者に通知し、又は債務者が承諾をしなければ、債務者その他の第三者に対抗することができず、その譲渡の通知又は承諾は、<u>確定日付のある証書</u>によってしなければ、債務者以外の第三者に対抗することができない。

> **答え**　債権譲渡を第三者に対抗するには、**確定日付のある証書**による譲渡人からの債務者への**通知**または債務者の**承諾**が必要である。　〇

【H30-問7-肢1(改)】

　譲渡制限特約のある債権の譲渡を受けた第三者は、その特約の存在を知らなかったことにつき<u>重大な過失</u>があったときは、債務者は、その債務の履行を拒むことができる。

> **答え**　譲渡制限特約を重過失で**知らなかった**譲受人には、債務の履行を拒否できる。　〇

ズバリ予想！

6

権利関係

保 証

12年間で
3回の
出題

保証は、個人根保証契約や保証意思宣明公正証書等「個人が保証する場合」の**特殊な保証の要件**も問われています。細かい論点ですが、繰り返し出題されても解けるように確認しておきましょう。

1 保証債務

「保証債務」の定義	本来の債務者Aが、その債務を履行しない場合に、Aに代わって保証人が履行しなければならない債務のこと
保証契約の要件	債権者と保証人の間で、**書面または電磁的方法**で締結する必要がある
保証債務の範囲	主たる債務に関する利息・違約金・損害賠償など、元本だけでなく主たる債務に従たるすべてのものが含まれる
違約金等の定め	**保証債務についてのみ**、違約金・損害賠償の額を定めることができる
分別の利益 **1**	同一の主たる債務について数人が保証債務を負担する場合、各保証人の保証債務額は、保証人の数に応じて**分割された額**となる
「連帯保証」の定義	保証人が主たる債務者と連帯して債務を負担する旨を合意した保証のこと **1**

プラスαの 1 ： 連帯保証では、分別の利益は**認められない**。

2 催告の抗弁権・検索の抗弁権 **2**

催告の抗弁権	債権者が保証人に保証債務の履行を請求してきた場合に、保証人は、先に**主債務者**に対して債務の履行を**催告**するよう、債権者に主張できる
検索の抗弁権	保証人が、「主債務者には**取立てが容易な財産がある**」ことを証明した場合は、債権者は、その**主債務者の財産**から先に取立てをしなければならない

プラスαの 2 ： 連帯保証では、催告の抗弁権・検索の抗弁権は認められない。

権利関係

6
保
証

3　主たる債務者・保証人に生じた事由の他方に対する効力

○…他方に影響を及ぼす　**✕**…他方に影響を及ぼさない

	履行の請求	更改	相殺	免除	混同	消滅時効	弁済等
主債務者に生じた事由	○	○	○	○	○	○	○
保証人に生じた事由	✕	○	○	✕	✕	✕	○
連帯保証人に生じた事由	✕	○	○	✕	○	✕	○

4　個人根保証

「個人根保証」とは	個人が一定の範囲に属する**不特定**の債務について保証する契約のこと **❸**
個人根保証の要件	❶ 個人（会社などの法人は含まれない）が保証人になること ❷ 一定の範囲に属する不特定の債務について保証する契約であること ❸ 極度額を定めること

プラスαの❸　例えば、賃貸借契約の連帯保証人となること等が該当する。

5　保証人等に対する情報の提供義務

保証人になることを主債務者が依頼する際の情報提供義務	事業のために負担する債務について個人に保証人（根保証を含む）になることを依頼する場合、主債務者は、保証人になるか否かの判断に資する情報として❶～❸の情報を提供しなければならない **❹**	❶ 主債務者の財産や収支の状況 ❷ 主債務以外の債務の金額・履行状況等に関する情報 ❸ 他に担保等がある場合は、その旨・内容
主債務の履行状況に関する債権者の情報提供義務	保証人は、主債務者の**委託**を受けて保証人になった場合、債権者に対して、主債務についての**支払の状況**に関する情報の提供を求めることができる	

プラスαの❹　個人が事業のために負担する債務の保証人（根保証を含む）になる場合には、保証契約をする前に、原則、公証人による保証意思の確認を経て、保証意思宣明公正証書を作成しなければならない。

狙われる‼重要過去問【H22-問8-肢2】

保証人となるべき者が、<u>口頭</u>で明確に特定の債務につき保証する旨の意思表示を債権者に対してすれば、その保証契約は有効に成立する。

答え　保証契約は、口頭では**成立せず**、書面または**電磁的方法**によらなければならない。

✕

権利関係
各種契約

- **売買契約**では、**売主の契約不適合責任**が繰り返し出題されます。宅建業法の**8種制限**にも**深く関係**する論点なので、**買主の権利の内容**や**通知期間**に注意しましょう。
- 売買契約と同様に**請負契約**でも、**契約不適合責任**について注意しましょう。なお、**賃貸借契約**では、**転貸借**が繰り返し問われています。

1 売買契約
（1） 解約手付

解約手付の推定	売買契約において交付された手付は、**解約手付**と推定される
解約手付による解除	買主は手付を**放棄**することで、売主は手付の**倍額**を現実に提供することで、契約を解除することができる
解約手付による解除の時期	解約手付による解除の場合は、**相手方が履行に着手するまでは、**自分が履行に着手していても、契約を解除することができる❶
債務不履行による損害賠償請求との関係	特段の定めをしなければ、**債務不履行による損害賠償請求**については、解約手付とは**関係なく**、実損害賠償額を請求できる

プラスαの❶ 「履行の着手」➡代金の支払や物件の引渡し・移転登記等、客観的に外部から認識できる行為をすることを指す。

（2） 売主の契約不適合責任 頻出

契約不適合の場合の買主の権利	❶ 損害賠償請求➡売主の帰責事由が必要	
	❷ 契約の解除	❷～❹の権利行使をするには売主の帰責事由は不要
	❸ 履行の追完請求（修補・代替物の引渡し・不足分の引渡し請求）	
	❹ 代金の減額請求❷	
買主の帰責事由	買主に帰責事由がある場合は、上記❷～❹の責任追及は**不可**❸	
買主の通知期間の制限	ア）種類・品質に関する契約不適合	上記❶～❹をするには、買主が不適合を知った時から**1年以内**に売主に通知することが必要❹
	イ）数量に関する契約不適合	通知期間の制限なし
	ウ）移転した権利に関する契約不適合❺	
特約の有効性	●特約で、売主の契約不適合責任を**免除**することも可能 ●ただし、知りながら告げなかった事実等については責任を負う	

プラスαの❷ 買主は、原則、履行の追完の催告をし、その期間内に履行の追完がないときでなければ、代金の減額請求はできない。

❸ 「❶損害賠償請求」は、買主に帰責事由があっても可能だが、過失相殺の対象となる。

❹ 売主が、引渡しの時にその不適合を知っていた、または重大な過失によって知らなかった場合は、買主が不適合を知った時から1年以内に通知をしていなくても、責任追及はできる。

❺ 「移転した権利に関する契約不適合」には、❶一部が他人の権利だったため移転できない場合、❷目的物に他人の賃借権等が存在している場合、❸目的物を利用するために必要な賃借権等が存在しない場合（例建物を買ったが、土地の賃借権が存在しなかった）等が該当する。

(3) 売主の担保責任のまとめ
○…買主の権利行使が可　✕…権利行使が不可

	ア）種類・品質の契約不適合	イ）数量の契約不適合	ウ）移転した権利の契約不適合	全部他人物売買 ❻
❶ 損害賠償請求				○
❷ 契約の解除	○	○	○	
❸ 履行の追完請求				✕
❹ 代金の減額請求				
❺ 通知期間の制限	契約不適合を知ってから1年以内	制限なし（ただし、消滅時効にはかかる）		

プラスαの❻ 権利の「全部」が他人に属する場合（全部他人物売買）で、その権利を移転できなかったときは、契約不適合責任ではなく、債務不履行責任（契約の解除及び損害賠償請求）の問題となる。

2　賃貸借契約
(1) 保存行為・修繕義務等

貸主の保存行為	❶ 貸主は、賃貸物の保存行為をする義務を負う ❷ 借主は、貸主の保存行為を拒めない ❸ 貸主が借主の意思に反して保存行為をすることで、借主が賃借をした目的を達することができなくなる場合は、借主は、契約の解除ができる
貸主の修繕義務	❶ 貸主は、賃貸物の使用・収益に必要な修繕をする義務を負う ❷ 借主の責めに帰すべき事由によって修繕が必要となった場合は、貸主は修繕義務を負わない
借主による修繕	❶ 借主が貸主に修繕が必要な旨を通知した ❷ 貸主が修繕が必要なことを知った ❸ 急迫の事情がある ｝ 貸主が、❶❷にもかかわらず相当の期間内に修繕しない ｝ 借主が修繕できる

（2） 転貸借の効果・解除等 💡頻出

転貸借の効果	借主が貸主の承諾を得て賃借物を転貸したときは、転借人は、賃貸人と賃借人との間の賃貸借に基づく転貸人（賃借人）の債務の範囲を限度として、賃貸人に対して、転貸借に基づく債務を直接履行する義務を負う **7**
無断転貸による解除	賃貸人に対する背信的行為と認めるに足りない特段の事情があるときは、賃貸人は、無断転貸を理由に、賃貸借契約を解除することはできない
賃貸借の合意解除	賃貸人・賃借人間の賃貸借契約の合意解除は、転借人に対抗できない **8**
債務不履行に基づく解除	賃借人の債務不履行によって賃貸借契約が解除された場合、転貸借契約は履行不能に陥り、終了する **9**
期間満了・解約申入れによる終了	賃貸人が転借人に対して、賃貸人と転貸人（賃借人）間の賃貸借契約が、期間の満了または解約申入れにより終了する旨を通知すれば、それから6ヵ月後に、転貸借契約は終了する

プラスαの 7 賃貸人が、転借人に対して請求できるのは、賃料と転借料のうち低額のほうが上限となる。

8 賃貸人が、合意解除前に転貸人（賃借人）の債務不履行による賃貸借契約の解除権を有していた➡賃貸借契約の解除を転借人に対抗できる。

9 賃貸人が転貸人（賃借人）の債務不履行によって賃貸借契約を解除するとき➡転借人に賃料支払の催告をして支払う機会を与える必要はない。

（3） 敷金

定　義		賃貸借契約において賃借人が負担すべき一切の費用を担保する目的で、賃借人から賃貸人に支払われる金銭
返還の時期		●賃貸借が終了し、かつ、賃貸物の返還を受けた時 ●賃借人が適法に賃借権を譲渡した時
敷金の承継	賃貸人が変更	旧賃貸人から新賃貸人に承継される ➡新賃貸人が敷金返還義務を負う
	賃借人が変更	旧賃借人から新賃借人に承継されない

（4） 貸主の地位の移転等

貸主の地位の移転	賃借権が対抗要件を備えた後に賃貸不動産が譲渡されて所有者が変更した➡貸主の地位は譲受人に移転する
貸主の地位の留保	賃貸不動産の譲渡人および譲受人が、次の❶❷の合意をしたとき ➡貸主の地位は譲受人に移転せず、譲渡人に留まる ❶ 貸主の地位を譲渡人に留保する旨 ❷ その不動産を譲受人が譲渡人に賃貸する旨
貸主の地位の移転の登記	貸主の地位の移転は、賃貸不動産について所有権移転登記をしなければ、賃借人に対抗することができない

3 請負契約

目的物の種類・品質に関する契約不適合の場合の注文者の権利	❶ 損害賠償請求➡請負人の帰責事由が必要	
	❷ 契約の解除	❷〜❹については請負人の帰責事由は不要
	❸ 履行の追完請求（修補・代替物の引渡し・不足分の引渡し請求）	
	❹ 報酬の減額請求	
請負人が負う担保責任の範囲の制限	注文者は、注文者の供した材料の性質または注文者の与えた指図によって生じた不適合の場合は、上記❶〜❹の権利行使は不可 **10**	
注文者の通知期間の制限	注文者は、契約不適合を知った時から1年以内に、その旨を請負人に通知しなければ、上記❶〜❹の権利行使は不可	

プラスαの⑩ 請負人が、注文者の供した材料の性質または指図が不適当であることを知りながら告げなかったときは、注文者は権利行使ができる。

4 委任

委任者の義務	❶ 特約がある場合の報酬支払義務 **11**		
	報酬の支払時期	原則として、後払い	
	• 委任契約が委任者の責任ではなく終了	委任者は、既に履行した割合に応じて報酬を支払う	
	• 委任契約が履行の中途で終了		
	❷ 費用前払義務 **12**		
	❸ 立替費用償還義務		
受任者の義務	❶ 善管注意義務（有償・無償問わず）		
	❷ 報告義務		
	委任者の請求があったとき	いつでも委任事務の処理状況を報告	
	委任終了後	遅滞なく、委任事務の経過と結果を報告	

プラスαの⑪ 受任者は、報酬支払の特約がないときは、報酬の支払請求ができない。

⑫ 費用の前払義務は、受任者から請求がある場合にのみ負う。

✎ 狙われる!! 重要過去問【R2(12月)−問7−肢1】

売買契約において、甲土地の実際の面積が本件契約の売買代金の基礎とした面積より少なかった場合、買主Bはそのことを知った時から2年以内にその旨を売主Aに通知しなければ、代金の減額を請求することができない。

答え 数量に関する契約不適合の場合は、通知期間に制限はない。 ✕

【R元−問8−肢1(改)】

請負契約の目的物たる建物が種類又は品質に関して請負人Bの責任により契約の内容に適合しないためこれを建て替えざるを得ない場合には、注文者AはBに対して当該建物の建替えに要する費用相当額の損害賠償を請求することができる。

答え 注文者は請負人に対し、建物の種類または品質に関する契約不適合責任の追及として、損害賠償請求をすることができる。 〇

権利関係 ────────

不法行為

不法行為では、**使用者責任・土地工作物責任**等が**事例**で**出題**されます。**どのような場合**に、**誰が責任を負うか**をしっかり覚えましょう。

1　一般の不法行為の成立要件

❶ 加害者に故意または過失があること

❷ 加害者に責任能力があること

❸ 権利の侵害があること

❹ 加害行為が違法であること
（正当防衛や正当な業務行為でないこと）

❺ 損害が発生したこと
（身体や財産だけでなく、**名誉毀損も含まれる**）◀**1**

❻ 相当因果関係があること

❶〜❻
すべてが必要

プラスαの1　胎児も、不法行為に基づく損害賠償請求権を行使することができる。

2　不法行為によって生じた損害賠償請求権の消滅時効期間

❶ 被害者またはその法定代理人が、損害及び加害者を
知った時から**3年間**行使しないとき◀**2**

❷ 不法行為の時から**20年間**行使しないとき

どちらか早いほうで消滅する

プラスαの2　人の生命または身体を害する不法行為による場合は、**5年間**に延長される。

3　工作物責任

要　件		❶ 土地の工作物の保存・設置に瑕疵（欠陥）があること ❷ ❶のために他人に損害を与えたこと	両方必要
責任の主体	一次的	**占有者が責任を負う**◀**3**	
	二次的	占有者がいない場合、または占有者が免責された場合、 **所有者が責任を負う**（無過失責任）	
求償権		損害の原因について他に責任を負う者がある場合は、占有者または 所有者は、その者に**求償**することができる	

プラスαの3　占有者は、損害発生の防止に必要な注意をした場合は、**免責**される。

4 使用者責任 💡頻出

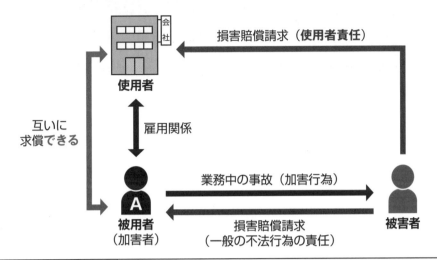

「使用者責任」とは	例 会社の従業員（被用者）Aが業務中に交通事故を起こした場合、直接の加害者であるA自身に対してだけでなく、雇用している会社（使用者）にも不法行為責任を負わせるための仕組み
成立要件 （❶～❹すべてが必要）	❶ ある事業のために他人を使用していること ❷ 被用者の行為が事業の執行につき行ったものであること ❸ 被用者の行為が、一般の不法行為（前記1）の要件を満たしていること ❹ 使用者に、ア）または イ）の「免責事由」がないこと ア）被用者の選任・事業の監督に相当の注意を払った イ）相当の注意を払っても損害発生を防止できなかった
求償権	● 使用者が被害者の損害を賠償した場合、使用者から被用者に対して、信義則上相当な範囲で、求償権の行使が可能 ● 被用者が被害者の損害を賠償した場合、被用者から使用者に対しては、「損害の公平な分担という見地から相当と認められる額」について求償権を行使することが可能

> ✍ 狙われる!! 重要過去問【R2(12月)-問1-肢4】
>
> <u>人</u>の<u>生命又は身体を害する不法行為</u>による損害賠償請求権は、被害者又はその法定代理人が損害及び加害者を<u>知った時</u>から<u>5年間</u>行使しない場合、時効によって消滅する。
>
> 答え 人の生命等を害する不法行為については、**損害及び加害者を知った時から5年間**で時効消滅する。 ⭕

27

権利関係 ────────

物 権
（相隣関係・共有・対抗要件・抵当権）

- 相隣関係と共有はマイナー論点ですが、昨年度の改正点のうちの**共有物の賃貸借**などの未出題のものは、"ねらいめポイント"です。

- **対抗要件**は12年で10回出題されている頻出論点です。**取消し前の第三者**や**相続**との複合問題として出題されることもありますので、注意しておきましょう。

- **抵当権**も12年で11回出題されている頻出論点です。**物上代位**や**法定地上権**の要件に注意しましょう。

1 相隣関係
（1） 隣地の使用

隣地使用権の内容	土地の所有者は、一定の場合に必要な範囲内で、隣地を使用できる
隣地の使用が できる場合	● 境界線付近で行う、建物などの築造・収去・修繕 ● 土地の境界標の調査・境界に関する測量 ● 隣地の枝が自分の土地に越境した際に行う、その枝の切除

（2） 「継続的給付」を受けるための設備（ライフライン）の設置権等

ライフライン設備 設置権	土地の所有者は、**他の土地に設備を設置**しなければ電気・ガス・水道水等の**継続的給付**を受けられない場合 ➡ 必要な範囲内で、他の土地にライフライン設備を設置できる
ライフライン設備 使用権	土地の所有者は、**他人が所有するライフライン設備を使用**しなければ電気・ガス・水道水等の**継続的給付**を受けられない場合 ➡ 必要な範囲内で、他人が所有する設備を使用できる

（3） 越境した竹木の枝・根の切除

枝が越境 した場合	原　則	竹木の所有者に切除を**請求**できる **1**
	例　外	● 竹木の所有者が、催告後、相当期間内に切除しないとき ● 竹木の所有者を知ることができない、またはその所在を知ることができないとき　　┐自ら ● 急迫の事情があるとき　　┘切除可
根が越境した場合		自ら切除可

プラスαの 1 竹木が共有の場合➡各共有者は、枝を単独で切除可。

2　共有
（1）　共有物の保存・管理・変更行為

「行為」の種類	要　件	具体例
❶ 保存行為	（各共有者が単独で可能）	不法占有者への明渡請求
❷ 管理行為	共有持分の価格の過半数	共有物管理者の選任・解任
❸ 軽微変更行為		共有物の修繕等で形状・効用の著しい変更を伴わないもの
❹ 重大変更行為	共有者全員の同意	共有物の売却・増改築等で「形状・効用の著しい変更を伴わないもの」（＝軽微変更行為）を除いたもの

（2）　共有物の賃貸借

賃貸借の種類	賃貸借の期間	要　件
❶ 樹木の植栽・伐採のための山林の賃借権等	10年以下	共有持分の価格の過半数
❷ 上記❶の賃借権等以外の土地の賃借権	5年以下	
❸ 建物の賃借権等	3年以下	
• 上記❶〜❸の期間を超える賃貸借 • 借地借家法の規定により更新される賃貸借（法定更新）		共有者全員の同意

3　不動産の対抗要件
（1）　登記なしで権利を主張できる第三者

「登記なしで権利を主張できる第三者」の定義	❶ 当事者・その包括承継人（相続人等）以外 ❷ 「登記の不存在を主張する利益を有する第三者」ではない者	両方に該当する者
具体的な例	❶ 無権利者（例 虚偽表示による売買契約の買主） ❷ 不法占有者・不法行為者 ❸ 詐欺・強迫により登記を妨げた第三者 ❹ 登記申請の依頼を受けた第三者 ❺ 背信的悪意者 ❷	

プラスαの❷　事実を知っていた上で、さらに信義に背くような行為をした者のこと。なお、「単純悪意者」に対しては、登記がないと対抗できない。

（2）対抗するのに登記が必要な物権変動等 🔦頻出

 「取消し後の第三者」のように、「取り消した者」と「第三者」との関係が**対抗問題**（先に登記をしたほうが所有権を主張できる）となるケースがあるんですよ！

対抗問題となる場合➡登記が必要	取消し後・契約解除後・時効完成後・遺産分割後の第三者 **3** **4**
対抗問題とならない場合➡登記が不要	取消し前・契約解除前・時効完成前・遺産分割前の第三者

プラスαの3 「○○後の第三者」に対抗するためには登記が必要、と覚えよう。

4 「取消し後の第三者」等のケースでは、取消し後、第三者に譲渡される前に取り消した者（**例**詐欺によって意思表示をした者）が自己名義の登記にしておくべきだったのに、それをしていないという「落ち度」がその者にあるため、対抗問題となる。

4 抵当権
（1）物上代位性

定 義	抵当権者は、担保物の売却・滅失・損傷・賃貸等によって債務者が受ける代金・火災保険金・賃料等の金銭その他の物（価値代替物）に対して権利を行使できるという性質
要 件	物上代位の効力を保険金等の価値代替物に及ぼすには、債務者に保険金等が支払われる前に、それを差し押さえる必要がある

（2）抵当権の目的物

土地・建物	土地に設定した抵当権➡建物には効力が及ばない
	建物に設定した抵当権➡土地には効力が及ばない
付加一体物	抵当不動産に付加して一体となった物には抵当権の効力が及ぶ➡「抵当権設定の前・後」を問わない
従物・従たる権利	従物・従たる権利（借地権等）には抵当権の効力が及ぶ➡抵当権設定当時に存在していた従物に限る
果実	被担保債権に債務不履行があったとき➡その後に生じた果実にも抵当権の効力が及ぶ

（3）法定地上権の成立要件

❶ 抵当権設定時に土地の上に建物が存在していること **5**
❷ その土地と建物が同一人物の所有であること
❸ 土地・建物のどちらか、あるいは両方に抵当権が設定されたこと
❹ 抵当権の実行（競売等）によって、土地所有者と建物所有者が別人になったこと

プラスαの❺ 建物に登記がなくても、法定地上権は成立する。これに対して、借地（後出「11」）の「対抗要件」では、借地上の建物に借地人名義の登記が必要。

（4）第三取得者の保護の手段

❶ 代価弁済	第三取得者は、抵当権者から請求を受けた代金を抵当権者に支払うことで、抵当権を消滅させることができる
❷ 抵当権消滅請求	第三取得者が、自ら、自己が適当と認める額を抵当権者に提供し、抵当権者がその額で承諾すれば、抵当権を消滅させることができる

（5）賃借人の保護の手段

建物明渡猶予制度	抵当権の目的たる建物を、競売手続の開始前より使用・収益していた者等は、競売により買受人が買い受けた時から6ヵ月を経過するまでは、建物を買受人に引き渡さなくてよい	
抵当権者の同意のある賃貸借	❶ 賃借権が登記されていること ❷ 賃借権の登記よりも先に登記されている抵当権者全員の同意があること ❸ ❷の同意が登記されたこと	すべてを満たせば、賃借権は抵当権に対抗できる

（6）「抵当権の順位の放棄・順位の譲渡」の定義

抵当権の順位の譲渡	❶順位の譲渡をした者と、❷順位の譲渡を受けた者の優先弁済額の範囲内で、「❷順位の譲渡を受けた者」から先に弁済を受けられるようにすること
抵当権の順位の放棄	順位の放棄をした者と、順位の放棄を受けた者の優先弁済額の範囲内で、按分して弁済を受けられるようにすること

狙われる!! 重要過去問【R5-問6-ア】

A所有の甲土地について、Bが所有の意思をもって平穏にかつ公然と時効取得に必要な期間占有を継続した場合、AがCに対して甲土地を売却し、Cが所有権移転登記を備えた後にBの取得時効が完成した場合には、Bは登記を備えていなくても、甲土地の所有権の時効取得をCに対抗することができる。

答え 時効取得者Bは、登記がなくても、時効完成前の第三者Cに対抗できる。 **○**

【R4-問4-肢1】

A所有の甲土地にBのCに対する債務を担保するためにCの抵当権が設定され、その旨の登記がなされた場合、Aから甲土地を買い受けたDが、Cの請求に応じてその代価を弁済したときは、本件抵当権はDのために消滅する。

答え 第三取得者Dが、抵当権者Cの請求に応じて代価弁済をすると、その抵当権は、Dのために消滅する。 **○**

学習2日目

ズバリ予想！
10

権利関係 ————————
相 続

12年間で
12回の
出題

相続人は誰で、どんな割合で相続するか、しっかり確認しましょう。12年で12回も出題されている**超・頻出論点**です。なお、**相続分の計算**問題の出題は、H24〜26年度と3年続いた後は、H29年度でした。いつ、また狙われてもいいように準備しましょう！

1 法定相続の順位等

（1） 法定相続の順位

 被相続人の配偶者は、常に相続人になるんですよ！

❶ 第1順位	子
❷ 第2順位	直系尊属
❸ 第3順位	兄弟姉妹

プラスαの❶ 代襲相続とは、被相続人の死亡時に、❶子や❸兄弟姉妹がア）死亡、イ）廃除、ウ）相続欠格により相続できない場合に、その下の世代（孫やひ孫、兄弟姉妹は甥・姪まで）に相続が引き継がれることをいう。

❷直系尊属（第2順位）

❸兄弟姉妹（第3順位）　被相続人　配偶者（常に相続人）

甥・姪

代襲相続❶　❶子（第1順位）

孫

（2） 法定相続分 頻出

❶ 配偶者＋「子（第1順位）」の場合

$\frac{1}{2}$ 配偶者　　$\frac{1}{2}$ を均等に分ける └──子──┘

❷ 配偶者＋「直系尊属（第2順位）」の場合

$\frac{2}{3}$ 配偶者　　$\frac{1}{3}$ を均等に分ける └ 直系尊属 ┘

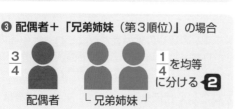
❸ 配偶者＋「兄弟姉妹（第3順位）」の場合

$\frac{3}{4}$ 配偶者　　$\frac{1}{4}$ を均等に分ける❷ └ 兄弟姉妹 ┘

プラスαの❷ 父母の片方のみを同じくする兄弟姉妹の相続分は、父母の両方が同じ兄弟姉妹と比べて、その半分になる。

2 相続の承認・放棄

	❶ 単純承認	❷ 限定承認	❸ 相続放棄
定義	相続人が、被相続人の有する権利・義務のすべてを承継する	相続人が相続したプラスの財産の限度内で、被相続人の債務を承継する	相続財産を一切承継しない
要件	●熟慮期間（相続の開始を知った時から3ヵ月）が経過した ●相続財産の処分等をした **3**	相続人全員で家庭裁判所へ申述する必要がある	各相続人が家庭裁判所へ申述する必要がある

プラスαの 3 保存行為（不法占拠者への明渡請求等）は、単純承認にならない。

3 遺産分割

遺産分割の方法	共同相続人は、遺産分割が禁止された場合を除き、いつでも、協議によって遺産の全部または一部の分割（遺産分割協議）ができる **4**
遺産分割の禁止	❶ 被相続人は、相続開始時から5年を超えない期間を定めて遺産分割を禁止できる ❷ 共同相続人は、5年以内の期間を定めて、「遺産分割は不可」の旨の契約（遺産分割禁止の特約）ができる ❸ 裁判所は、直ちに遺産分割すべきでない特別の事情があるときは、5年以内の期間を定めて、遺産分割を禁止できる
裁判による遺産分割	協議が調わない場合、各共同相続人は、分割を、相続開始地（被相続人の生前の最後の住所）の家庭裁判所に請求できる

プラスαの 4 相続開始から10年経過後にする遺産分割は、法定相続分または指定相続分に応じて行われ、その際、特別受益・寄与分は考慮されない。

4 遺留分

「遺留分」とは	配偶者・子・直系尊属のために法律上必ず残さなければならないとされる遺産の一定の割合のこと。なお、兄弟姉妹には、遺留分はない		
遺留分の割合	❶ 直系尊属のみが相続人	$\frac{1}{3}$	❷ その他の場合	$\frac{1}{2}$
遺留分を侵害する場合	●遺留分を侵害する遺言も有効 ●遺留分を侵害された相続人は、遺留分侵害額請求により、侵害額に相当する金銭の支払を請求できる		
遺留分の放棄	家庭裁判所の許可を得て、あらかじめ遺留分を放棄できる **5**		

プラスαの 5 「相続」の放棄は、あらかじめできないこととの違いに要注意。

狙われる!! 重要過去問【R2(10月)-問8-肢2】

被相続人の子が相続開始以前に死亡したときは、その者の子がこれを代襲して相続人となるが、さらに代襲者も死亡していたときは、代襲者の子が相続人となることはない。

答え 代襲者である子が死亡のときは、代襲者の子（被相続人の孫）が相続人となる。✗

権利関係

10
相続

権利関係

借地借家法①
（借地関係）

借地借家法の借地の規定は、**毎年1問**出題されています。**対抗要件**や**契約の有効期間**等について**民法の賃貸借契約との相違点**を問う出題がメイン。**知識の横断整理**を心がけましょう。

1　借地権

「借地権」とは	❶ 地上権 ❷ 土地の賃借権 で、建物所有を目的とするもの
一時使用の賃貸借	● 契約の有効期間・法定更新 ● 建物買取請求権・定期借地権　等 の規定は適用されない
借地借家法の適用対象外となる場合	❶ 土地の使用貸借契約 **1** ❷ 建物所有を目的としない ● 地上権 　　　　● 土地の賃貸借契約 **2**

プラスαの 1　無償で借りる**使用貸借**は、**借主保護の必要性が低い**ので、借地借家法の適用対象外となる。

2　土地を**資材置場**や**平置きの駐車場**として借りる場合は、**建物所有が目的ではない**ので、借地借家法の適用対象外となる。

2　借地権（借地借家法）と賃貸借（民法）の相違点

	借地権 （建物所有を目的とする 地上権・土地の賃借権）	一時使用の賃貸借	建物使用を目的としない賃貸借（資材置場等）
適用法令	借地借家法	❶ 契約の有効期間・ 法定更新等➡民法 ❷ ❶以外➡借地借家法	民法 （借地借家法は 適用されない）
契約有効期間	最低**30年**（上限なし）	上限**50年**（最短期間なし）	
更新拒絶	貸主からの更新拒絶には**正当事由が必要**	貸主からの更新拒絶には**正当事由が不要**	
建物買取請求権 **3**	あり	なし	

プラスαの 3

- 建物買取請求権とは、借地契約が**期間満了**で更新**されない**場合、借地権設定者（地主）に対して、**時価**による建物の買取りを請求できる借地権者（賃借人）の権利のこと。
- 借地権者（賃借人）の**債務不履行**による解除の場合は、建物買取請求権の行使は**不可**。

3 借地権の対抗要件

❶ 地上権・賃借権の**登記**がされていること
❷ 借地権者が借地上に**自己名義**で登記された建物を所有すること **4**
❸ 火事・再築等で建物が滅失した場合は、滅失時から**2年間**は「建物の特定のために必要な事項」＋「新たに建物を建築する旨」を土地上に掲示すること

プラスαの 4

- 所有権の登記だけでなく、**表示**の登記でも対抗要件として認められる。
- 「親族の名義」のような自己名義以外での登記は、対抗要件として**不可**。

4 定期借地権の種類

借地権の種類	内容・要件等		存続期間	書面（電磁的記録を含む）の要否
❶ 一般定期借地権	・契約の**更新がない**こと ・建物の**再築**による存続期間の延長の排除 ・**建物買取請求権**の排除	特約で定められる	50年以上	**必要**（公正証書である必要がない）
❷ 建物譲渡特約付定期借地権	借地権設定後**30年以上**経過した日に借地上の建物を借地権設定者に譲渡する旨の特約付きの借地権のこと		30年以上	**不要**
❸ 事業用定期借地権	「用途」が事業用建物の所有であること **5** ・契約の**更新** ・建物の**再築**による存続期間の延長 ・**建物買取請求権**	**適用されない**	10年以上50年未満	公正証書であることが必要

プラスαの 5

不動産会社が賃貸の「事業」のために「居住用」建物を所有する場合は、あくまで建物の用途が「居住用」であるため、「事業用」定期借地権に該当しない。

✎ 狙われる!! 重要過去問【R2(10月)−問11−肢1】

A所有の甲土地につき、令和6年7月1日にAとBとの間で居住の用に供する建物の所有を目的として存続期間30年の約定で賃貸借契約が締結された場合、Bは、借地権の登記をしていなくても、甲土地の引渡しを受けていれば、甲土地を令和6年7月2日に購入したCに対して借地権を主張することができる。

答え 借地上の**建物の登記**が必要である。　　　　　　　　　　　　　✕

学習2日目

ズバリ予想！

12

権利関係 ———————————————

借地借家法②
（借家関係）

借地借家法の借家の規定は、**毎年1問出題**されています。民法の**賃貸借と借家、定期建物賃貸借と定期建物賃貸借ではない普通借家の相違点**がよく問われます。**横断整理**を心がけましょう。

1 借家権

「借家権」とは	借地借家法の適用がある建物の賃借権
権利の対象外となるもの	❶ 動産の賃貸借契約 ❷ 建物の使用貸借契約 ── 借地借家法が適用されない **1** ❸ 一時使用の賃貸借

プラスαの **1** ❶～❸には、民法の規定が適用される。

2 対抗要件

契約の種類	対抗要件
建物の賃貸借（借家権）	❶ 建物の引渡し ── どちらかでよい ❷ 賃借権の登記
一時使用の建物賃貸借	賃借権の登記しか認められない
建物の使用貸借	対抗要件なし

3 造作買取請求権

定 義	借家契約の終了の際に、賃貸人の同意を得て賃借人が建物に付加した造作を、賃貸人に時価で買い取ってもらう権利
造作買取請求権のポイント	❶ 買取請求ができるのは、賃貸人の同意を得て付加した造作 ❷ 契約期間の満了または解約申入れによって賃貸借契約が終了する時に行使可能 **2** ❸ 造作買取請求権を排除する特約も有効

プラスαの **2** 賃借人の債務不履行で契約が終了する場合は、造作買取請求権の行使は不可。

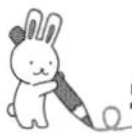

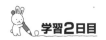

4　契約の更新と更新拒絶・解約の申入れ

(1)　期間の定めがある賃貸借

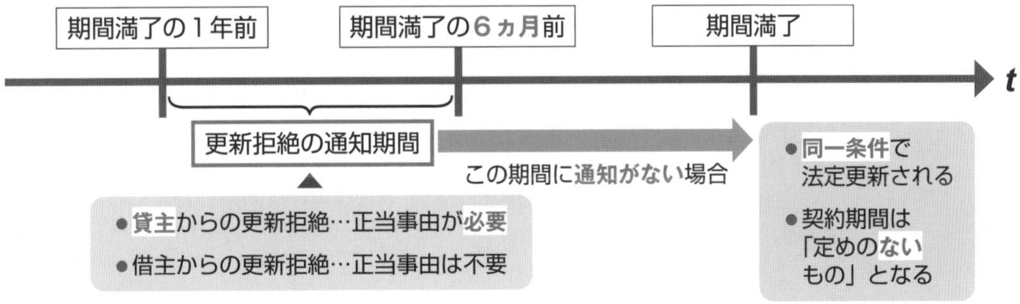

(2)　契約期間の定めのない賃貸借の終了

貸主からの解約申入れ	「正当事由」＋「解約通知後６ヵ月経過」で終了
借主からの解約申入れ	解約通知後３ヵ月経過で終了、正当事由は不要

5　定期建物賃貸借と普通賃貸借の相違点　頻出

	❶ 定期建物賃貸借	❷ ❶以外の普通賃貸借
契約要件	公正証書等の書面（電磁的記録を含む）であることが必要	書面は不要
契約期間	１年未満の契約➡有効	１年未満➡期間の定めのない契約
事前の説明	賃貸人は、賃借人に「更新がない」旨を書面（電磁的記録を含む）で交付した上で、事前説明が必要	不　要
事前の通知	賃貸人は、期間満了の１年前から６ヵ月前までの間に、賃借人に契約が終了する旨を通知しなければ、賃借人に賃貸借契約の終了を対抗できない	期間の定めがある賃貸借の場合、契約当事者の一方が期間満了の１年前から６ヵ月前に更新拒絶の通知をしないと、契約は更新される（法定更新）
中途解約	床面積200㎡未満の居住用建物 ➡やむを得ない事情があれば、賃借人は、特約なしで、中途解約可能	特約がなければ、中途解約不可
賃料改定特約	増額禁止特約／減額禁止特約：どちらも有効	増額禁止特約：有効 減額禁止特約：無効
対抗要件	ア）建物の引渡し、またはイ）賃借権の登記	
造作買取請求権	あ　り	あ　り

狙われる!! 重要過去問【R２(12月)-問12-肢３】

賃貸借契約に期間を定め、賃貸借契約を書面で行った場合には、賃貸人Ａが賃借人Ｂに対しあらかじめ契約の更新がない旨を説明していれば、賃貸借契約は期間満了により終了する。

答え　契約の更新がない旨を書面に記載し、賃借人に交付しておく必要がある。　✕

学習2日目

ズバリ予想！ 13

権利関係 ──────

区分所有法

12年間で **12回**の出題

区分所有法は毎年1問出題されています。**共用部分**や**管理者**からの出題がメイン。共用部分の持分割合や管理者の権限等を覚えておきましょう。

1　集会の決議の種類

普通決議	区分所有者及び議決権の各過半数 ❶
特別決議	区分所有者及び議決権の各 $\frac{3}{4}$ 以上
建替え決議	区分所有者及び議決権の各 $\frac{4}{5}$ 以上
議決権の割合	共用部分の共有持分の割合 ❶

プラスαの❶　規約で「別段の定め」をすることができる。

2　共用部分の持分割合等 ❷

持分割合の算定方法	専有部分の床面積割合による
床面積の算定方法	壁や柱等の内側線で測る（内法計算）
共用部分の費用負担等	共用部分の持分割合により、費用を負担し利益を収取する
一部共用部分の管理	原則として、一部共用部分を共有する区分所有者で管理する

プラスαの❷　いずれも、規約で別段の定めをすることもできる。

3　共用部分の管理の方法

管理の方法		要　件	特別の影響を受ける者の承諾	規約による変更の可否
❶ 保存行為		区分所有者・管理者は単独でできる	不要	できる
❷ 管理行為		区分所有者及び議決権の各過半数	必要	できる
❸ 変更行為 ❸	軽微変更			
	重大変更	区分所有者及び議決権の各 $\frac{3}{4}$ 以上		区分所有者の定数のみ、過半数まで減ずることが可

プラスαの❸　形状・効用の著しい変更を「伴わない」➡**軽微変更**、「伴う」➡**重大変更**。

4 管理者

		内容
選任・解任	選任・解任の方法	規約に別段の定めがない限り、集会の普通決議（区分所有者及び議決権の各過半数）によって、管理者を選任・解任できる
	裁判所に対する解任請求	各区分所有者は、単独で管理者の解任を裁判所に対して請求できる
	資格・任期	管理者の資格・任期に、制限はない
権限・義務	保存行為	管理者は、単独で保存行為ができる
	管理・変更行為	規約または集会の決議に基づき、管理・変更行為を実行する
	管理者の代理権	管理者は、その職務に関し、区分所有者を代理する
	事務報告	管理者は、集会において、毎年1回一定の時期に、事務に関する報告をしなければならない
	管理所有	管理者は、規約に特別の定めがあるときは、共用部分を所有することができる

権利関係

13 区分所有法

5 規約

設定・変更・廃止の要件	●区分所有者及び議決権の各 $\frac{3}{4}$ 以上による集会決議が必要 ●特別の影響を受ける区分所有者の承諾が必要
規約の保管	原則として、管理者が行う❹
規約の閲覧	利害関係人の請求があったときは、正当な理由がある場合を除いて規約の閲覧を拒むことができない
保管場所の掲示	規約の保管場所を建物内の見やすい所に掲示しなければならない
規約・集会の決議の効力	●区分所有者だけでなく、特定承継人に対しても効力が及ぶ ●占有者には、建物・敷地・附属施設の使用方法につき、区分所有者と同一の義務が生じる
公正証書による規約の設定	最初に建物の専有部分の全部を所有する者は、公正証書により、❶規約共用部分、❷規約敷地、❸専有部分と敷地利用権の分離処分、❹敷地の共有持分について、規約の設定ができる

プラスαの❹ 管理者が不在のときは、建物を使用している区分所有者またはその代理人で規約または集会の決議で定めるものが、保管しなければならない。

狙われる!! 重要過去問【H30年−問13−肢1】

規約の設定、変更又は廃止を行う場合は、区分所有者の過半数による集会の決議によってなされなければならない。

答え 区分所有者及び議決権の各 $\frac{3}{4}$ 以上の決議が必要である。 ✕

学習2日目

ズバリ予想！

14

権利関係 ————————

不動産登記法

不動産登記法は毎年1問の出題です。内容をイメージするのが難しい科目ですが、**過去に出題された論点が繰り返し出題**されますので、しっかり得点できるようにしておきましょう。

1　表示の登記

「表示の登記」とは	不動産登記の表題部になされる登記のこと
表題登記の申請	所有者は、建物の新築・滅失等を行った場合に、**1ヵ月以内**に申請することが必要
合筆の登記ができない場合	❶ 相互に接続していない土地 ❷ 所有者が相互に異なる土地 ❸ 地目（農地や宅地等）・地番区域が異なる土地 ❹ 所有権の登記がある土地と所有権の登記がない土地 ❺ 「所有権の登記」以外の「権利」がある土地◀**1** ❻ 所有権の共有持分が相互に異なる土地

プラスαの1　例えば、A地には抵当権が登記されていて、B地には抵当権が登記されていない場合は、A地・B地の合筆の登記はできない。

2　権利の登記
（1）　登記の申請

共同申請（原則）	権利の登記は、登記権利者と登記義務者が共同で申請する必要がある**2**
単独申請（例外）	❶ 所有権保存登記 ❷ 判決による登記 ❸ 相続・法人の合併による登記 ❹ 遺贈（相続人に対するものに限る）による所有権移転登記 ❺ 仮登記 ❻ 信託の登記 ┐単独申請が可能**2**

プラスαの2　権利の登記の抹消は、所有権移転の登記がない場合（つまり「所有権保存登記」のみ）に限り、所有権の**登記名義人**が、例外的に、単独申請できる。

（2）　仮登記

「仮登記」とは	順位を確保するために「仮にする登記」で、後に本登記をするための登記
仮登記の単独申請ができる場合	❶ 仮登記義務者の承諾を得て、仮登記権利者が仮登記申請するとき ❷ 仮登記仮処分命令がある場合に、仮登記権利者が仮登記申請するとき　——単独申請が可能
仮登記の単独抹消申請ができる場合	❶ 仮登記名義人からの抹消登記の申請 ❷ 登記上の利害関係人からの仮登記名義人の承諾情報を提供した抹消登記の申請　——単独抹消申請が可能
第三者の承諾	登記上の利害関係を有する第三者がいる場合、その第三者の承諾が必要

（3）　買戻しの特約の登記

❶「買戻しの特約」とは	一定の期間内は「売主が代金額および契約の費用を買主に返還すれば、売買契約を解除して、目的物を取り戻すことができる」とする特約
❷ 登記の時期	所有権移転登記と同時に登記しないと、第三者には対抗不可
❸ 登記の単独抹消の特例	契約日から10年を経過 ➡登記権利者は、単独で❶の旨の登記の抹消を申請できる

（4）　相続登記

❶ 相続による所有権移転登記の申請義務	所有権の登記名義人に相続が開始した ➡相続により所有権を取得した者は、自己のために相続が開始したことを知り、かつ、自己がその所有権を取得したことを知った日から3年以内に、所有権の移転の登記を申請しなければならない
❷ 遺産分割による所有権移転登記の申請義務	上記「❶相続による所有権移転登記」がされた後に遺産分割があった ➡遺産分割によって所有権を取得した者は、遺産分割の日から3年以内に、所有権の移転の登記を申請しなければならない
❸ 相続人である旨の申出	❶相続による所有権移転登記の申請義務を負う者は、登記官に対し、次の旨を申し出ることができる 　ア）所有権の登記名義人について相続が開始した旨 　イ）自らが当該所有権の登記名義人の相続人である旨 ❷自己のために相続が開始したことを知り、かつ、所有権を取得したことを知った日から3年以内に❶の申出をした者は、「相続による所有権移転登記の申請義務を履行した」とみなされる

狙われる!! 重要過去問【R2(10月)-問14-肢2】

　所有権に関する仮登記に基づく本登記は、登記上の利害関係を有する第三者がある場合であっても、その承諾を得ることなく、申請することができる。

答え　仮登記に基づく本登記には、利害関係を有する第三者の承諾が必要。　✕

法令上の制限

都市計画法①
（都市計画の内容等）

12年間で **12**回の 出題

都市計画法では、**準都市計画区域内**で定められる規定・定められない規定や**補助的地域地区**の内容等から繰り返し出題されています。

1 都市計画区域・準都市計画区域

都市計画区域	一体の都市として総合的に整備・開発・保全する必要がある区域		
	指定権者	原則	都道府県
		2以上の都府県にわたる場合	国土交通大臣
準都市計画区域❶	都市計画区域**外**で相当数の住居等の建築が現に行われている等の地域において、そのまま放置すれば、将来の都市整備に支障が生じるおそれのある場合に、土地利用を規制するために**都道府県**が指定する区域		
	定められる区域等(8つに限定)	用途地域・特別用途地区・特定用途制限地域・高度地区・景観地区・風致地区・伝統的建造物群保存地区・緑地保全地域	

プラスαの❶ 特例容積率適用地区・高層住居誘導地区・高度利用地区・特定街区・防火地域・準防火地域・市街地開発事業・区域区分は、準都市計画区域内では定められない。

2 区域区分 💡頻出

定義	都市計画区域内では、無秩序な市街化を防止し、計画的な市街化を図るため、都市計画に市街化区域と市街化調整区域との区分を定めることができる	
分類❷	市街化区域	既に市街地を形成している区域、及びおおむね10年以内に優先的かつ計画的に市街化を図るべき区域のこと
	市街化調整区域	市街化を抑制すべき区域のこと
	区域区分の定めがない都市計画区域	市街化区域及び市街化調整区域に関する都市計画が定められていない都市計画区域のこと

プラスαの❷ 用途地域の定めの要否
- 市街化区域➡用途地域は**少なくとも定める**
- 市街化調整区域➡用途地域は**定めない**

✍ 狙われる!! 重要過去問【R5-問15-肢2】

高度利用地区は、土地の合理的かつ健全な高度利用と都市機能の更新とを図るため、都市計画に、建築物の高さの最低限度を定める地区とされている。

答え 高度利用地区では、建築物の高さの最低限度は**定めない**。 ✕

3 補助的地域地区（重要なもの） 🔆頻出

種 類	内 容
特別用途地区	用途地域内の一定の地区における当該地区の特性にふさわしい土地利用の増進・環境の保護等の特別の目的の実現を図るため、用途地域の指定を補完して定める地区
特定用途制限地域	用途地域が定められていない土地の区域（市街化調整区域を除く）内において、その良好な環境の形成・保持のため、制限すべき特定の建築物等の用途の概要を定める地域
高度地区	用途地域内の市街地の環境の維持・土地利用の増進を図るため、❶❷の建築物の高さの規制を定める地区　❶ 高さの最高限度　❷ 高さの最低限度　どちらかを定める
高度利用地区	用途地域内の市街地における土地の合理的かつ健全な高度利用と都市機能の更新を図るため、❶〜❹の規制を定める地区　❶ 容積率の最高限度及び最低限度　❷ 建蔽率の最高限度　❸ 建築物の建築面積の最低限度　❹ 壁面の位置の制限

特例容積率適用地区	適正な配置・規模の公共施設を備えた土地の区域で、当該区域内の土地の高度利用を図るため、未利用となっている建築物の容積の活用を促進する必要がある場合に指定できる地区	
	定められる　地域	1低住専　2低住専　田園　工専　を除く用途地域
	内容	建築物の高さの最高限度

高層住居誘導地区	住居と住居以外の用途とを適正に配分し、利便性の高い高層住宅の建設を誘導する地区		
	定められる	地域	❶ 1住居　2住居　準住居　近商　準工業　両方に該当する地域　❷ 建築物の容積率が $\frac{40}{10}$ または $\frac{50}{10}$
		内容	❶容積率の最高限度　❷建蔽率の最高限度　❸建築物の敷地面積の最低限度

4 地区計画

地区計画の定義	建築物の建築形態・公共施設その他の施設の配置等からみて、一体としてそれぞれの区域の特性にふさわしい態様を備えた良好な環境の各街区を整備・開発・保全するための計画
地区計画の対象区域	❶ 用途地域が定められている区域　❷ 用途地域が定められていないが、不良な街区の形成の防止等が必要な一定の区域　地区計画を定められる
市町村長への届出	❶ 土地の区画形質の変更　❷ 建築物の建築　❸ 工作物の建設　❶〜❸に着手する30日前までに市町村長への届出が必要

16

法令上の制限 ―――――――――――

都市計画法②
（開発許可）

12年間で
12
回の
出題

開発許可の論点は、**毎年1問出題**されています。**一定規模未満の面積**で**許可不要**になるケース・**建設予定建築物等の用途**等で**許可不要**になるケースを覚えておきましょう。

1 「開発行為」とは

開発行為の 要件	❶ 建築物の建築または特定工作物の建設を 主たる目的とすること❶ ❷ 土地の区画・形質の変更をすること❶		❶❷両方必要
「特定工作物」の 種類	❶ 第1種特定工作物	コンクリートプラント・アスファルトプラント等、周辺地域の環境を悪化させるおそれのあるもの（面積は不問）	
	❷ 第2種特定工作物	ゴルフコース（面積は不問）	
		野球場・庭球場・遊園地・ その他運動・レジャー施設等の 大規模な工作物	1ha以上

プラスαの❶
- 建築物・特定工作物の建築を目的としない土地の区画・形質の変更
- 建築物・特定工作物を建築しても、土地の区画・形質の変更を伴わない場合

開発行為に**該当しない**

2 開発許可が不要となる小規模な開発行為 💡頻出

開発許可が 不要となる 面積	❶ 都市計画区域	市街化区域	1,000㎡未満
		市街化調整区域	面積に関係なく、原則、許可が必要
		区域区分の定めが ない都市計画区域	3,000㎡未満
	❷ 準都市計画区域		
	❸ 上記❶❷（都市計画区域・準都市 計画区域）以外		10,000㎡（1ha）未満

3 開発許可が不要となる用途等

	都市計画区域内			都市計画区域外	
	市街化区域	市街化調整区域	区域区分の定めがない都市計画区域	準都市計画区域	その他
農林漁業者の自宅や農林漁業用建築物	許可必要	許可不要			
● 公益的建築物（駅舎・図書館・公民館・公園等） ● 「都市計画事業等」として行う場合 ● 公有水面埋立法の免許を受けて行う場合 ● 非常災害の応急措置 ● 通常の管理行為・軽易な行為	許可不要				

4 開発許可の「要・不要」の判断

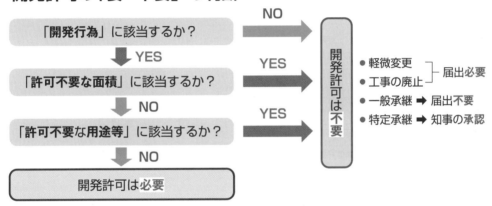

5 開発許可の手続

 開発許可を受けようとする場合は、次の❶❷両方の手続が必要なんですよ！

❶ 公共施設の取扱い	あらかじめ開発行為に関係がある公共施設（例 既存の道路等）	管理者と協議し、その同意を得ること
	開発行為または開発行為に関する工事により設置される公共施設（例 新設される道路等）	管理者となる者その他政令で定める者と協議しなければならない❷
❷ 関係権利者の相当数の同意を得ること		

プラスαの❷：「協議」だけで足り、「同意」は不要。

🖋️ 狙われる!! 重要過去問【R元-問16-肢3】

市街化調整区域において、野球場の建設を目的とした8,000㎡の土地の区画形質の変更を行おうとする者は、あらかじめ、都道府県知事の許可を受けなければならない。

答え 1ha（10,000㎡）未満の野球場は特定工作物に該当しないので、本問の土地の区画形質の変更を行うにあたり、開発許可は不要。 ✕

法令上の制限

16 都市計画法② （開発許可）

学習3日目

ズバリ予想！

17

法令上の制限

建築基準法①
（建築確認・単体規定・用途制限）

12年間で12回の出題

建築基準法では、特に**建築確認の要否**や**単体規定の重要な数字**から繰り返し出題されています。建築確認は、①**用途**、②**構造**、③**面積・階数**等がヒッカケのポイントになるので、しっかり確認しましょう。

1 建築確認が必要な建築物

○…建築確認が必要　✕…建築確認が不要

場 所	❶～❹をする場合の建物の種類・規模	❶新築	❷増築・改築・移転	❸大規模の修繕・模様替	❹用途❶変更
全国共通（都市計画区域外でも必要）	❶ **特殊建築物**（床面積200㎡超）	○	▲❷	○	○
	❷ **木造で** ア）階数3階以上 イ）床面積500㎡超 ウ）高さ13m超 エ）軒高9m超 ┐ どれかに該当			○	✕
	❸ **木造以外で** オ）階数2階以上 カ）床面積200㎡超 ┐ どちらかに該当			○	✕
都市計画区域等、一定の区域内のみ必要	❹ ❶～❸以外の建築物			✕	✕

プラスαの ❶ ：「類似間の用途変更」➡建築確認は不要

❷ ：増築・改築・移転 ┤ ・面積が10㎡以内　・防火地域・準防火地域以外 ┤ 両方に該当 ➡建築確認は不要

2 単体規定

住宅の居室	採光	原則	床面積の $\frac{1}{7}$ 以上の、採光のために ❸ ┐ 有効な開口部等が必要
	換気		床面積の $\frac{1}{20}$ 以上の、換気のために ┘
居室の天井の高さ			❶ 2.1m以上必要 ❷ 1つの部屋で天井の高さの異なる部分がある　➡その平均の高さとなる
シックハウス対策			❶ 建築材料への**クロルピリホス**の添加禁止 ❷ あらかじめ**クロルピリホス**を添加した建築材料の使用禁止 ❸ **ホルムアルデヒド**を発散する内装仕上げの面積の制限

地階における防湿の措置		住宅の居室等で地階に設けるものは、壁・床の防湿措置等について衛生上必要な技術的基準に適合すること
長屋・共同住宅の各戸の界壁		原則、小屋裏または天井裏に達するものとするほか、構造が遮音性能に関して技術的基準に適合するもので国土交通大臣が定めた構造方法を用いる、または国土交通大臣の認定を受けたものとすること
石綿に関する規制		❶ 建築材料への石綿等の添加の禁止 ❷ 石綿等をあらかじめ添加した建築材料の使用禁止
非常用の	昇降機	高さが31mを超える建築物➡設置が必要 ❹
	進入口	高さ31m以下の部分にある3階以上の階➡設置が必要
避雷設備		高さが20mを超える建築物➡設置が必要
手すり壁・さく・金網		屋上広場または2階以上の階にあるバルコニー等の周囲 ➡安全上必要な高さが1.1m以上の手すり等の設置が必要

プラスαの ❸ 照明設備の設置等の一定の要件を満たす場合は、$\frac{1}{7} \sim \frac{1}{10}$ の間で緩和が可能。

❹ 高さ31mを超える部分を階段室等の用途に供する建築物には、設置不要。

3 用途制限 💡頻出

学校	❶ 幼稚園・小学校・中学校・高等学校	『ア) 工業 工専 』で建築不可
	❷ 大学・高等専門学校・専修学校	上記『ア)』＋『 1低住専 2低住専 田園 』でも建築不可
遊戯施設	❸ ギャンブル施設（パチンコ屋等）	『イ) 2住居 準住居 近商 商業 準工業 工業 』で原則、建築可
	❹ スポーツ施設（ボーリング場等）	上記『イ)』＋ 1住居 でも原則、建築可
	❺ カラオケボックス	上記『イ)』＋ 工専 でも原則、建築可
映画館	❻ 200㎡以上	『ウ) 近商 商業 準工業 』で建築可
	❼ 200㎡未満	上記『ウ)』＋ 準住居 でも建築可
店舗	❽ 150㎡以下	『エ) 1低住専 工専 』には原則、建築不可 ❺
	❾ 150㎡超〜500㎡以下	上記『エ)』＋ 2低住専 でも原則、建築不可 ❺
	❿ 10,000㎡超	近商 商業 準工業 で建築可

プラスαの ❺ 物品販売店舗・飲食店は、 工専 では建築不可。

✍ 狙われる!! 重要過去問【R2(10月)−問18−肢2】

近隣商業地域内において、客席の部分の床面積の合計が200㎡以上の映画館は建築することができない。

答え 床面積200㎡以上の映画館は、**近隣商業地域・商業地域・準工業地域で建築可。** ✕

ズバリ予想！

18

法令上の制限

建築基準法②
（集団規定）

12年間で
11回の
出題

建蔽率や容積率では、**緩和規定**等が多く出題されています。制限が緩和されるための要件や、緩和される割合を覚えましょう。それ以外の規定も、**重要数字**は押さえておきましょう。

1 建蔽率の緩和

❶ 特定行政庁が指定した**角地**
❷ **防火地域**内にある耐火建築物等**❶**
❸ **準防火地域**内にある**耐火・準耐火**建築物等

都市計画で定められた建蔽率の数値に $\frac{1}{10}$ が加算される

プラスαの❶

• 建蔽率の限度が $\frac{8}{10}$ の地域内
• **防火地域**内の**耐火建築物**等

両方に該当
➡建蔽率が**無制限（100％）**になる

2 容積率の制限・緩和 💡頻出

前面道路による制限	前面道路が12m未満のときの容積率 ➡前面道路の幅員に次の❶❷の法定乗数をかけた数字と都市計画で定めている容積率のうち、**小さい（厳しい）**ほうとなる				
	❶ 住居系		$\frac{4}{10}$	❷ 住居系以外（商業・工業系）	$\frac{6}{10}$
容積率の緩和	住宅・老人ホームの機械室等	特定行政庁が交通上・安全上・防火上・衛生上支障がないと認めるものの床面積 ➡延べ面積に不算入			
	建築物の地階で住宅・老人ホーム等の用途に供する部分	地階で、その天井が地盤面からの高さ1m以下にある住宅・老人ホーム等に使用する部分の床面積 ➡「その用途に供する部分」の床面積の合計の $\frac{1}{3}$ を限度に、延べ面積に不算入			
	共同住宅・老人ホーム等の共用部分	共用廊下または階段の床面積➡延べ面積に不算入			
	昇降機の昇降路	昇降機の昇降路の部分の床面積➡延べ面積に不算入			

3 防火・準防火地域

隣地境界線に接する外壁	防火地域または準防火地域内にある、外壁が耐火構造の建築物は、その外壁を隣地境界線に接して設けることができる
看板等の防火措置	防火地域内にある看板・広告塔・装飾塔等の工作物で、❶建築物の屋上に設けるもの、または❷高さ3mを超えるものは、その主要な部分を不燃材料で造り、または覆わなければならない

建築物が防火地域または準防火地域の内外にわたる場合	原則	建築物が防火地域・準防火地域と防火地域・準防火地域**外**の区域にわたる場合 ➡その全部に、**最も厳しい規定**が適用される
	例外	建築物が防火地域・準防火地域**外**で防火壁で区画されている場合 ➡防火壁**外**の部分には、防火地域・準防火地域の規則が適用**されない**

4 道路に関する規制

道路の種類	❶ 道路法・都市計画法等による道路（国道・都道府県道等） ❷ 都市計画区域等に指定された際、現存する道 ❸ 道路法等により、2年以内に新設・変更される道路 ❹ 私道で、特定行政庁から位置指定されたもの ┐ 幅員が4m以上必要
	❺ 2項道路（幅員4m未満で、都市計画区域の指定等により建築基準法が適用された時に、既に建物が立ち並んでいた道）**2**
接道義務	建物の敷地は、原則として道路に2m以上接していなければならない**3**

プラスαの2 「2項道路」では、道路の中心線から水平距離で2m後退した線が、道路の境界とみなされる。

3 特殊建築物等の一定の建築物について、地方公共団体は、条例で接道義務を**付加**することができるが、**緩和**することは**できない**。

5 高さの制限

○…適用あり **✕**…適用なし

用途地域	北側斜線	道路斜線	隣地斜線	日影規制（原則）
❶ 1低住専 2低住専 田園 **4**	○		✕	○
❷ 1中高住専 2中高住専	○		○	○
❸ 1住居 2住居 準住居	✕		○	○
❹ 近商	✕	○	○	○
❺ 商業	✕		○	✕
❻ 準工業	✕		○	○
❼ 工業	✕		○	✕
❽ 工専	✕		○	✕

プラスαの4 1低住専 ・ 2低住専 ・ 田園 の建物の高さは、10mまたは12mのうち、都市計画で定める高さに制限される。

🖊 狙われる!! 重要過去問【R2(10月)-問18-肢3】

建築物の容積率の算定の基礎となる延べ面積には、老人ホームの**共用**の廊下又は階段の用に供する部分の床面積は、算入しないものとされている。

答え 老人ホームの**共用**の廊下または階段の用に供する部分の床面積は、**不算入**となる。○

ズバリ予想！

19

法令上の制限

宅地造成・特定盛土等規制法

12年間で
12回の
出題

この法律は、各地で頻発した**危険な盛土・捨土による土砂災害を契機**に、令和5年に大幅な改正が行われました。盛土等を行う際に**許可が必要となる規模等**の重要ポイントに注意して、しっかり押さえましょう。

1 宅地造成等工事規制区域・特定盛土等規制区域・造成宅地防災区域

種類	定義	指定権者
宅地造成等工事規制区域 🔧法改正	宅地造成等に伴い災害が生じるおそれが大きい**市街地**等で、かつ、その内で行う宅地造成等工事に関して規制を行う必要がある区域	都道府県知事
特定盛土等規制区域 🔧法改正	宅地造成等工事規制区域**外**の土地の区域で、一定の自然的条件・周辺地域の土地利用の状況その他の社会的条件からみて、当該区域内の土地で ❶特定盛土等、または❷土石の堆積が行われた場合、これに伴う災害により市街地等区域等の居住者等の生命・身体に危害を生ずるおそれが特に大きいと認められる区域	都道府県知事
造成宅地防災区域	宅地造成等工事規制区域**外**の土地の区域で、地すべり的崩落等の危険が高い一団の既存の造成宅地等の区域	都道府県知事

2 知事の許可が必要な盛土等の規模

🔧法改正

宅造 ……宅地造成等工事規制区域内
盛土 ……特定盛土等規制区域内

【次の規模の場合に許可が必要】

❶ 宅造 崖の高さ1m超
　 盛土 崖の高さ2m超 ┐の盛土

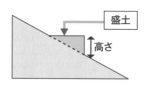

❷ 宅造 崖の高さ2m超
　 盛土 崖の高さ5m超 ┐の切土

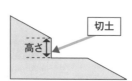

❸（上記❶❷を除く）

宅造 崖の高さ2m超
盛土 崖の高さ5m超 の「切土＋盛土」

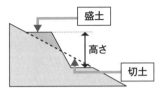

❹（上記❶❸を除く）

崖等を
生じない 宅造 高さ2m超
盛土 高さ5m超 の盛土

❺（上記❶〜❹を除く）

盛土・切土をする
土地の面積が 宅造 500㎡超
盛土 3,000㎡超

❻ 宅造 高さ2m超＋面積300㎡超
盛土 高さ5m超＋面積1,500㎡超 の一時的な
土石の堆積

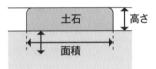

❼ 宅造 面積500㎡超
盛土 面積3,000㎡超 の一時的な
土石の堆積

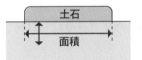

法令上の制限

19 宅地造成・特定盛土等規制法

3 知事への届出制（許可が不要でも、安全性等への配慮等から届出が必要な場合）

ケース	始期	届出期間
❶ 宅地造成等工事規制区域が指定された際に、すでに宅地造成工事に着手している場合	宅地造成等工事規制区域に指定された日	21日以内
❷ 宅地造成等工事規制区域内で、高さ2mを超える擁壁または排水施設の全部または一部の除却工事を行う場合	工事に着手する日	14日前まで
❸ 宅地造成等工事規制区域内で、公共施設用地等を宅地に転用する場合	転用した日	14日以内

狙われる!! 重要過去問【R5-問19-肢1改】

都道府県知事は、関係市町村長の意見を聴いて、宅地造成等工事規制区域内で、宅地造成に伴う災害で相当数の居住者その他の者に危害を生ずるものの発生のおそれが大きい一団の造成宅地の区域であって、一定の基準に該当するものを、造成宅地防災区域として指定できる。

答え 造成宅地防災区域は、宅地造成等工事規制区域「外」の区域で指定される。 ✕

ズバリ予想！

20

法令上の制限

土地区画整理法

12年間で **12**回の出題

土地区画整理法は、**毎年1問**出題されています。幅広い論点から出題されるので、**得点**するのが**非常に難しい分野**ですが、**換地処分**や**仮換地の指定**等は、最低限覚えておきましょう。

1 土地区画整理組合 ❶

組合の 設立要件 （3つ全部必要）	❶7人以上が共同して定款・事業計画等を定めること　❷施行地区内の宅地の所有者及び借地権者（頭数と地積）の「それぞれ $\frac{2}{3}$ 以上の同意」を得ること　❸「知事の認可」を得ること
組合員	施行地区内の宅地所有者・借地権者は、すべて組合員となる ❷
建築等の制限	土地区画整理組合の設立の認可の公告があった日以後、換地処分の公告日までは、施行地区内で次の行為を行う者は、**都道府県知事等の許可**を受けなければならない 事業施行の障害となる恐れのある ─ ❶ 土地の形質の変更 ❷ 建築物その他の工作物の新築・改築・増築 ❸ 移動の容易でない物件の設置・堆積

プラスαの❶ 土地区画整理組合は、施行区域外でも施行できる。

➡**市街化調整区域でも施行できる。**

❷ 施行地区内の借家人は、組合員とはならない。

2 保留地

「**保留地**」とは、次の❶❷の目的のために、換地計画において換地としないで残しておく一定の土地のことです！

民間施行の場合	公的施行の場合
❶ 土地区画整理事業の施行の費用に充てるため	
❷ 規約・定款で定める目的のため	──

狙われる!! 重要過去問【R元−問20−肢4】

換地処分の公告があった場合においては、換地計画において定められた換地は、その公告があった日の翌日から従前の宅地とみなされ、換地計画において換地を定めなかった従前の宅地について存する権利は、その<u>公告があった日が終了した時</u>において消滅する。

答え　従前の宅地の権利は、換地処分の公告があった日の**終了時**に消滅する。　　〇

3 仮換地の指定に伴う「従前の宅地」と「仮換地」に関する権利変動

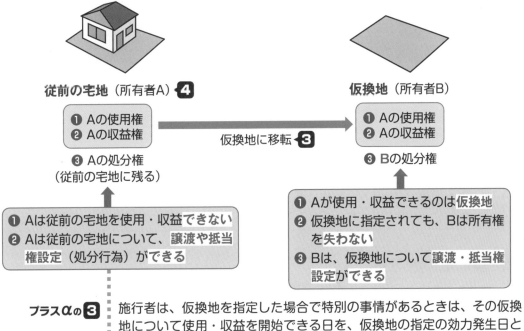

従前の宅地（所有者A）**4**

❶ Aの使用権
❷ Aの収益権

仮換地に移転 **3**

❸ Aの処分権
（従前の宅地に残る）

仮換地（所有者B）

❶ Aの使用権
❷ Aの収益権
❸ Bの処分権

❶ Aは従前の宅地を使用・収益できない
❷ Aは従前の宅地について、譲渡や抵当権設定（処分行為）ができる

❶ Aが使用・収益できるのは仮換地
❷ 仮換地に指定されても、Bは所有権を失わない
❸ Bは、仮換地について譲渡・抵当権設定ができる

プラスαの 3 施行者は、仮換地を指定した場合で特別の事情があるときは、その仮換地について使用・収益を開始できる日を、仮換地の指定の効力発生日とは別に定めることができる。

4 仮換地を指定したことで使用・収益できる者のなくなった従前の宅地については、当該宅地を使用・収益できる者のなくなった時から換地処分の公告がある日までは、施行者が、その宅地を管理する。

4 換地処分の効果 **5**

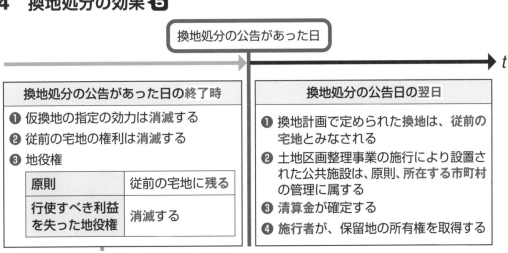

換地処分の公告があった日

t

換地処分の公告があった日の終了時	換地処分の公告日の翌日
❶ 仮換地の指定の効力は消滅する ❷ 従前の宅地の権利は消滅する ❸ 地役権	❶ 換地計画で定められた換地は、従前の宅地とみなされる ❷ 土地区画整理事業の施行により設置された公共施設は、原則、所在する市町村の管理に属する ❸ 清算金が確定する ❹ 施行者が、保留地の所有権を取得する

原則	従前の宅地に残る
行使すべき利益を失った地役権	消滅する

プラスαの 5 換地計画において換地を定める場合は、換地および従前の宅地の位置・地積・土質・水利・利用状況・環境等が総合的に照応する（見合う）ように定めなければならない（**換地照応の原則**）。

ズバリ予想！

21

法令上の制限 ─────

農地法

農地法は、**毎年1問**出題されます。ほとんどが**許可の要否**からの出題ですので、「3条・4条・5条」それぞれの許可の特徴を押さえておきましょう。

1 農地の定義

❶ 登記簿上の地目が山林や雑種地等でも、**現況が農地であれば農地に該当する**

❷ 休耕地や休閑地も農地となる　　❸ 家庭菜園は、農地ではない

2 農地法の許可 頻出

農＝農地、採＝採草放牧地、他＝宅地など 農 採 以外の土地

許可の種類	3条（権利の移動）❶	5条（転用＋権利の移動）	4条（転用）
許可が必要な場合	農地・採草放牧地を耕作目的で権利移動 【権利移動】 ・農 ➡ 農 ・採 ➡ 採 ・採 ➡ 農	農地・採草放牧地を転用目的で権利移動❷ 【転用＋権利移動】 ・農 ➡ 他 採 ・採 ➡ 他（農は除く）	農地を転用❷❸ 【転用】 ・農 ➡ 採 他
許可が必要な契約等	❶ 売買契約・交換契約 ❷ 代物弁済契約 ❸ 賃借権・使用借権・永小作権・地上権の設定・移転契約 ❹ 質権設定契約 ❺ 贈与契約 ❻ 競売による取得 ❼ 予約完結権の行使	──	
許可が不要な契約等	❶ 抵当権設定契約 ❷ 売買予約契約		

プラスαの❶ 法人に対する農地の権利の移動（売買）は、**農地適格法人**以外は、原則として許可されない。

❷ 農地の一時的な資材置場等への転用でも、「4条・5条許可」は必要。

❸ 採草放牧地を転用する場合は、4条許可は不要。

許可の種類	3条（権利の移動）	5条（転用＋権利の移動）	4条（転用）
許可不要となる特殊なケース	❶ 相続・遺産分割 **4** ❷ 民事調停法に基づく農事調停による場合	❶ 市町村が道路・河川等に転用する場合 —	❷ 農家が農業用施設（農業用倉庫等）にするために、2a未満の農地を転用する場合
収用の場合	許可不要		
国・都道府県の場合	権利を取得・転用する者が国・都道府県（4条許可・5条許可では指定市町村も含む）の場合は、許可不要 **5**		
申請先	農業委員会	都道府県知事 （農林水産大臣が指定する区域では、市町村長）	
市街化区域内の農地	—	あらかじめ農業委員会に届出をすれば、許可が不要となる	
違反の効果	契約等は無効となる		—
	—	都道府県知事は、是正命令（工事停止命令・原状回復命令等）を出すことができる	
	3年以下の懲役または300万円以下の罰金 **6**		

プラスαの4：許可は不要だが、代わりに、**農業委員会への届出**が必要。

5：農地を病院・学校等にする場合の「4条・5条許可」には、知事との協議が必要。

6：4条許可・5条許可で「法人の場合」は、1億円以下の罰金が科される。

3 農地の賃貸借の特例

対抗要件	農地または採草放牧地の引渡し
法定更新 （期間の定めのある農地・採草放牧地の賃貸借の場合）	当事者が、契約期間満了の**1年前から6ヵ月前まで**の間に、相手方に対して更新をしない旨の通知をしないときは、従前の賃貸借と同一の条件で、さらに賃貸借をしたとみなされる（＝法定更新）

狙われる!! 重要過去問【R2(12月)-問21-肢2】

親から子に対して、所有するすべての農地を一括して贈与する場合には、法第3条第1項の許可を受ける必要はない。

答え 贈与の場合は、親から子の贈与であっても、3条許可が**必要**となる。 ✕

法令上の制限

21 農地法

55

学習**3**日目

ズバリ予想！

22

法令上の制限 ————

国土利用計画法

12年間で
12回の
出題

国土利用計画法は、**毎年1問**出題されています。全国のほとんどで**事後届出制**を採用していますので、当然、出題も**事後届出**からがほとんどです。**届出の要否**を正確に答えられるようにしましょう。

1　事後届出制 🔆頻出

❶ 届出義務	届出対象面積（下記❸）以上の土地につき売買等の契約をした ➡土地の権利を取得した者（買主等）は、契約締結後2週間以内に届出を行わなければならない（事後届出制）	
❷ 届出先	都道府県知事	
❸ 届出の対象面積	**市街化区域内**	2,000㎡以上
	市街化調整区域内・区域区分の定めがない都市計画区域内	5,000㎡以上
	都市計画区域外 （準都市計画区域を含む）	10,000㎡以上
❹ 届出が「必要・不要」なケース	**届出が必要なケース**	**届出が不要なケース**
	● 売買契約（予約・停止条件を含む） ● 交換契約 ● 代物弁済契約（予約を含む） ● 譲渡担保 ● 地上権設定契約・賃借権設定契約（設定の対価がある場合） ● 予約完結権や所有権移転請求権の譲渡	● 抵当権設定契約・質権設定契約 ● 贈与契約 ● 地上権設定契約・賃借権設定契約（設定の対価がない場合） ● 信託契約 ● 相続・遺贈・法人の合併 ● 契約の解除・取消し ● 当事者の一方または双方が国や都道府県等の場合 ● 民事調停法に基づく民事調停による場合 ● 農地法3条の許可が必要な場合 ❶

プラスαの❶　農地法5条の許可が必要な場合は、事後届出が必要となる。

（右図中）❷　「事前届出制」の場合は、上記「1　**事後届出制**」と異なり、**取引全体**の面積が届出対象面積に達していれば、事前届出が必要となる。

【事　例】

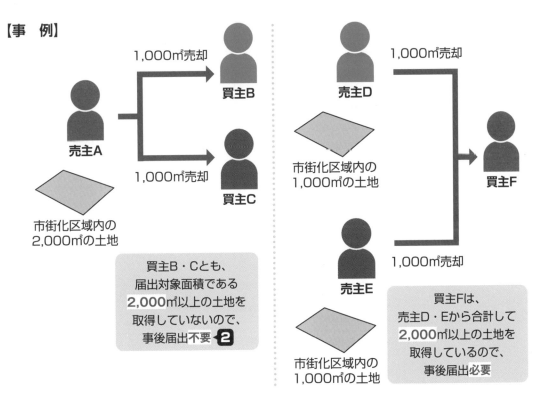

買主B・Cとも、届出対象面積である2,000㎡以上の土地を取得していないので、事後届出不要 2

買主Fは、売主D・Eから合計して2,000㎡以上の土地を取得しているので、事後届出必要

2　事後届出の審査等

届出後の扱い	❶ 知事は、届出後3週間以内に、土地利用審査会の意見を聴いて、土地の利用目的について必要な変更をすべき勧告ができる 3 ❷ 知事は、❶の勧告により土地の利用目的が変更された場合で、必要があるときは、土地の権利の処分のあっせん等に努める必要がある ❸ 知事は、土地の利用目的について、必要な助言ができる ❹ 知事は、勧告を受けた者がその勧告に従わないときは、その旨及び勧告の内容を公表できる
事後届出をしなかった場合	契約は有効だが、罰則あり ➡6ヵ月以下の懲役または100万円以下の罰金

プラスαの 3　知事は、事後届出では、対価については勧告できない。これに対し、事前届出では、対価についても勧告できる。

狙われる!! 重要過去問【R2(10月)-問22-肢1】

Aが所有する市街化区域内の1,500㎡の土地をBが購入した場合には、Bは事後届出を行う必要はないが、Cが所有する市街化調整区域内の6,000㎡の土地についてDと売買に係る予約契約を締結した場合には、Dは事後届出を行う必要がある。

答え　市街化区域内で、売買契約によって事後届出が必要となる面積は2,000㎡以上であるから、Bは届出をする必要はないが、Dは、市街化調整区域内で5,000㎡以上の売買契約（予約を含む）を締結するので、届出が必要となる。　○

学習4日目

ズバリ予想！

23

税・価格の評定

地方税
（不動産取得税・固定資産税）

12年間で **12** 回の出題

地方税からは、**不動産取得税**と**固定資産税**が交互に出題されてきています。両者の**税率**や**特例**を覚えておきましょう。

【不動産取得税と固定資産税】 頻出

	不動産取得税			固定資産税	
課税主体	都道府県			固定資産が所在する市町村	
課税対象	土地・家屋の**取得**・家屋の建築等			土地・家屋・償却資産の**所有**	
納税義務者	❶ 原則：有償・無償を問わず、不動産（土地・家屋）を取得した者 ❶ ❷ 特例：宅建業者が販売する建売住宅の場合			原則	1月1日時点の固定資産の所有者
納税義務者		**譲渡の時期**	**納税義務者**	質権・100年より永い地上権の目的物である土地の場合	質権者・地上権者
納税義務者		新築後1年以内に譲渡された	所有者・譲受人	共有の場合	共有者が連帯して納付
納税義務者		新築後1年経過しても譲渡されない	宅建業者 ❷	マンションの場合	一棟全体の固定資産税額を、区分所有者が共有持分で按分して納付
課税標準	固定資産課税台帳に登録されている価格（「登録価格」）				
税率	原則	4%		標準税率：1.4%（原則）	
税率	土地・住宅用の家屋	3%			
税率	住宅以外の家屋（店舗等）	4%			
徴収方法	普通徴収による ❸				
免税点	土地	10万円	土地		30万円
免税点	家屋（建築によるもの）	23万円	家屋		20万円
免税点	その他の家屋の取得	12万円	償却資産		150万円

	不動産取得税		固定資産税	
	種　類	軽減される方法	種　類	軽減される方法
宅地・住宅用地の特例❹	宅　地	課税標準×$\frac{1}{2}$（登録価格）	一般の住宅用地（200㎡超の部分）	課税標準×$\frac{1}{3}$（登録価格）
	一定の要件を満たす住宅用地	❶ 4万5,000円 ❷ 一定の計算で算出した額 ├ ❶❷の多いほうを税額から控除	小規模住宅用地（200㎡以下の部分）	課税標準×$\frac{1}{6}$（登録価格）
	種　類	軽減される方法	種　類	軽減される方法
家屋の特例 💡頻出	床面積が50㎡❺〜240㎡以下の新築住宅	課税標準から1,200万円控除	床面積が50㎡❺〜280㎡以下の新築住宅	120㎡まで税額から$\frac{1}{2}$控除

プラスαの❶
- 「不動産の取得」とは、売買・交換・贈与、建物の新築・増改築等をいう。
- 相続・法人の合併による取得 ➡「不動産の取得」には該当しない。

❷ つまり、建売住宅等が新築後1年を経過しても売れ残っている場合は、売主である宅建業者が不動産取得税を納税しなければならない。

❸ 「普通徴収」とは、都道府県や市町村等が送付する納税通知書によって税金を納める方法をいう。

❹
- 住宅用地とは、土地の全部または一部を居住用建物の敷地として使用している宅地をいう。
- 例えば、店舗の用地は、「宅地」には該当するが「住宅用地」には該当しない。

❺ 戸建て以外の「貸家」住宅の場合は、「40㎡」となる。

税・価格の評定

23 地方税（不動産取得税・固定資産税）

🖋狙われる!! 重要過去問【R2(10月)−問24−肢1】

令和6年4月に個人が取得した住宅及び住宅用地に係る不動産取得税の税率は3％であるが、住宅用以外の土地に係る不動産取得税の税率は4％である。

答え 住宅用地以外の土地も、不動産取得税の税率は3％である。　　　　✕

【R2(12月)−問24−肢4】

200㎡以下の住宅用地に対して課する固定資産税の課税標準は、課税標準となるべき価格の2分の1の額とする特例措置が講じられている。

答え 課税標準となるべき価格の「6分の1」の額とする特例が講じられている。　✕

ズバリ予想！

24

税・価格の評定

国 税
（譲渡所得・印紙税・登録免許税）

12年間で

11 回の出題

所得税では「特例の併用の可否」が、印紙税では「課税金額」が、登録免許税では「住宅用家屋の税率の軽減」が繰り返し出題されています。過去問学習を中心に、確実に正答できるようにしましょう。

1　譲渡所得（所得税）

（1）　譲渡所得の全体像

❶ 譲渡所得の税額の 　 計算式	【 譲渡価格 － （取得費＋譲渡費用） － ❷特別控除 】 　　　　　×❸税率＝譲渡所得の税額			
❷「特別控除」とは	一定要件を満たせば、譲渡所得から次のどちらかが控除される制度 ❶ 5,000万円特別控除　　❷ 3,000万円特別控除←❶			
❸ 税率のまとめ	原　則	所有期間5年以下	30%	
		所有期間5年超	15%	
	優良住宅地 の軽減税率	所有期間5年超	2,000万円以下の部分	10%
			2,000万円超の部分	15%
	居住用財産 の軽減税率	所有期間10年超	6,000万円以下の部分	10%
			6,000万円超の部分	15%

プラスαの❶　【「3,000万円特別控除」の主な適用要件】

● 居住用財産（居住しなくなって3年が経過する日が属する年の12月31日までに譲渡した場合も含む）の譲渡であること

● 親族等への譲渡でないこと

● 前年または前々年に「3,000万円の特別控除」「居住用財産の買換え特例」を受けていないこと（＝3年に1回しか適用されない）

（2）　居住用財産の買換え特例

「居住用財産の買換え 特例」とは	個人が、一定の要件のもとに、マイホーム（譲渡資産）を売って、新しいマイホーム（買換え資産）を購入したときに適用される
譲渡資産の主な要件	● 所有期間が10年以上、居住期間が10年超であること ● 対価の額が1億円以下 ● 親族等への譲渡でないこと
買換え資産の主な要件	面積 ●建物の場合：50㎡以上 　　 ●土地の場合：500㎡以下

（3）特例の重複適用の可否 ❷　　〇…重複適用が可　✕…重複適用が不可

	居住用財産の軽減税率	優良住宅地の軽減税率
❶ 5,000万円特別控除	〇	
❷ 3,000万円特別控除	〇	✕
❸ 居住用財産の買換え特例	✕	

プラスαの❷ ❶～❸は、それぞれ互いに重複適用できない。

2　印紙税 ⚡頻出

課税文書	売買契約書・交換契約書・土地の賃貸借契約書（覚書・念書・仮契約書等を含む）・営業に関する受取証等（記載金額が5万円未満は非課税）		
非課税文書	抵当権設定契約書・建物の賃貸借契約書等・営業に関しない受取証		
納税義務者等	❶ 課税文書の作成者		
	❷ 国・地方公共団体と一般の者（私人）が共同で作成した文書	一般の者が保存	非課税
		国等が保存	課税
課税標準	交換契約書	高いほうの金額	
	1つの契約書に売買と請負が併記	原則	売買契約書として課税
		例外	請負契約の金額のほうが高いときは、請負契約書として課税
	地上権・土地賃貸借契約書 — 返還されない権利金	権利金等の金額	
	地上権・土地賃貸借契約書 — 返還される保証金	記載金額がないものとして「200円」となる	
	贈与契約書		
	記載金額を減額した場合		
過怠税の徴収	印紙税を納めなかった場合	印紙税額の3倍の過怠税	
	印紙に消印しなかった場合	消印しなかった印紙税額と同額の過怠税	

3　登録免許税（住宅用家屋の「税率」の軽減）

軽減される要件	❶ 新築または取得後、1年以内の登記 ❷ 個人が自宅用として受ける登記　❸ 床面積が50㎡以上（原則） ❹ 中古住宅の場合、新耐震基準に適合する等の一定の要件を満たすこと
軽減の対象	❶ 所有権保存登記、❷ 所有権移転登記(売買と競落のみ)、❸ 抵当権設定登記

✏️狙われる!! 重要過去問【R2(10月)-問23-肢4】

　「契約期間は10年間、賃料は月額10万円、権利金の額は100万円とする」旨が記載された土地の賃貸借契約書は、記載金額1,300万円の土地の賃借権の設定に関する契約書として印紙税が課される。

答え　100万円である権利金の額について、印紙税が課される。　　✕

税・価格の評定
不動産鑑定評価・地価公示法

12年間で
12回の
出題

不動産鑑定評価と**地価公示法**は、交互に出題されています。鑑定評価の手法の内容や地価公示の手続の流れに注意しましょう。

1 不動産鑑定評価

手法	内容	特徴 💡頻出
原価法	価格時点における対象不動産の**再調達原価**を求め、この再調達原価について**減価修正**を行って対象不動産の試算価格（積算価格）を求める手法 再調達原価 − 減価修正 = 積算価格	❶ ①対象不動産が建物、または②建物とその敷地である場合で、再調達原価の把握・**減価修正**を適正に行うことができるときに有効 ❷ 対象不動産が土地のみであっても、再調達原価を適正に求めることができる場合は、適用可
取引事例比較法	多数の**取引事例**を収集して適切な事例の選択を行い、これらに係る取引価格に必要に応じて事情補正・時点修正を行い、かつ、地域要因の比較及び個別的要因の比較を行って求められた価格を比較考量し、対象不動産の試算価格（比準価格）を求める方法 ①取引事例 × ②事情補正 × ③時点修正 × ④地域要因 × ⑤個別的要因 = 比準価格	• 取引事例は、特殊な事情がないことが必要。ただし、**事情補正**（取引に特別な事情がある場合の補正）をして用いることができる • 古い取引事例でも**時点修正**（取引時点で価格変動がある場合の修正）をして用いることができる • 投機的取引であると認められる事例等であってはならない
収益還元法	• 対象不動産が将来生み出すであろうと期待される**純収益**の現在価値の総和を求めるもので、純収益を還元利回りで還元して対象不動産の試算価格（収益価格）を求める方法 • 次の「❶ **直接還元法**」と「❷ **DCF法**」の2種類がある。	❶ 学校・公園等公共または公益の目的に供されている不動産**以外**のものには、全て適用すべき ❷ **自用の住宅地**といえども、賃貸を想定することにより適用できる ❸ 先走りがちな取引価格に対する有力な検証手段として、この手法が活用される

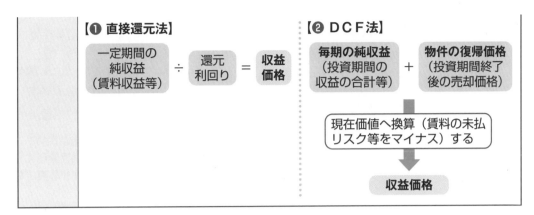

2 地価公示法

公示日	毎年1月1日	
地価公示の手続	**標準地の選定** …… 土地鑑定委員会が、標準地を公示区域内（都市計画区域の内外を問わない）から選定	
	不動産鑑定士による鑑定 …… 2名以上の不動産鑑定士が鑑定する	
	鑑定結果の審査・判定 …… 土地鑑定委員会が鑑定結果について審査・調整を行い、正常価格（自由な取引下で通常成立する価格）を判定する	
	地価公示 …… 土地鑑定委員会が、官報で標準地の❶所在、❷価格（総額は公示不要）・価格の判定の基準日、❸地積・形状、❹土地利用の現況等を公表する	
	市町村長への図書等の送付・閲覧 …… 土地鑑定委員会が送付、関係市町村長がその事務所で一般に閲覧させる	
地価公示の効力 💡頻出	不動産鑑定士が土地の正常な価格を求める場合	公示価格を規準としなければならない
	公共事業の用に供する土地の取得価格を定める場合	公示価格を規準として、取得価格を算定しなければならない
	土地収用法により収用する土地に対する補償金の額を算出する場合	公示価格を規準として算定した当該土地の価格を考慮しなければならない
	土地の取引を行う場合	公示価格を指標として取引を行うよう努めなければならない

📝 狙われる!! 重要過去問【R2（12月）-問25-肢4】

　土地収用法その他の法律によって<u>土地を収用</u>することができる事業を行う者は、標準地として選定されている土地を取得する場合において、当該土地の取得価格を定めるときは、<u>公示価格と同額</u>としなければならない。

答え　公示価格を「規準」としなければならないが、**同額にする必要はない**。　**×**

ズバリ予想！
26

宅建業法 ————
「宅建業」の定義等

12年間で
11回の
出題

宅建業の定義に関する論点は、12年間、ほぼ**毎年1問**出題されています。特に、「**代理**」「**媒介**」をする宅建業者だけでなく、宅建業者に「**代理**」「**媒介**」を依頼をした**売主**も「**自ら売主**」として**免許が必要**となる点に注意しましょう。

1　用語
（1）「宅地」「建物」

宅地	• 建物の敷地（将来は敷地となる予定地を含む） • 用途地域内にある土地 **1** **2**
建物	• 住宅だけでなく、倉庫や事務所等も含まれる • 分譲マンション➡専有部分だけで「建物」に該当する

プラスαの **1**　用途地域内の土地でも、現在「道路・公園・河川・広場・水路」の用地である「5種類の公共施設」になっている土地は、宅地に該当しない。

➡現在「5種類の公共施設」ではない用途地域内の土地であれば、将来道路・公園等の公共施設になる土地でも、宅地に該当する。

2　登記簿上の地目の種類を問わない。

（2）「取引」頻出

○…取引に該当する　✕…取引に該当しない

取引の態様 **5**	売　買	交　換	貸　借
自ら	○	○	✕ **3** **4**
代理	○	○	○
媒介	○	○	○

プラスαの **3**　「自ら貸借」には、賃借した物件を転貸する場合も含まれる。

4　「自ら貸借」には、宅建業法の規制は適用されない。したがって、帳簿への記載義務や重要事項説明義務等を負わない。

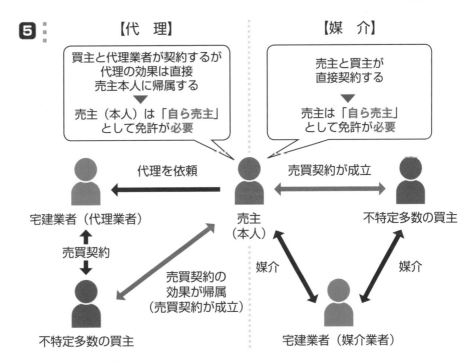

（3）「業」 ☀️頻出

「業」とは	宅地・建物の取引を❶不特定多数の者に❷反復継続して行うこと	
❶「不特定多数」の例 6	ア）国その他宅建業法の適用がない者に対してのみ反復継続して売却 イ）多数の知人・友人に対して反復継続して売却 ウ）公益法人に対してのみ、反復継続して売却	「不特定多数」に該当する
❷「反復継続」	一括して販売した場合は、反復継続に該当しない	

プラスαの6 ： 会社が自社の従業員に限定して不動産を売却➡「不特定多数」に該当しない。

2　免許を受けなくても宅建業を行うことができる者 7

❶ 国・地方公共団体・都市再生機構・地方住宅供給公社（国等）
❷ 破産財産の換価のために売却する場合の**破産管財人**
❸ 国土交通大臣に届出をした**信託銀行** 8

プラスαの7 ： 国等による宅地・建物の取引の媒介には、免許が必要。

8 ： ❸の場合、**免許の規定以外**は、宅建業法の適用がある。

✍️ 狙われる!! 重要過去問【R3（10月）-問32-肢3】

農業協同組合Cが、組合員が所有する宅地の売却の代理をする場合、宅地建物取引業の免許は必要ない。

答え 農業協同組合は「免許が不要で宅建業が行える者」に該当しないので、宅地の売却の**代理**をするには免許が**必要**となる。 ✕

ズバリ予想！
27

宅建業法 ————————
宅建業の免許

12年間で
11回の
出題

宅建業の免許では、「**変更の届出の期間**」が**30日**以内である等、**宅建士の登録**と混同しやすいので、違いに注意しましょう。

1 免許の効力・更新

有効期間	5年
免許の更新	❶ 有効期間が満了する90日前～ 30日前までの間に、更新の申請が必要 ❷ ❶の申請をすれば、免許の更新がされない間に有効期間が満了した場合でも、従前の免許で業務を行える ❸ ❷の場合で、免許の更新がされた： 新免許の有効期間➡従前の免許の有効期間満了日の翌日から5年となる

2 宅建業者の免許欠格事由（重要なもの）💡頻出

❶	心身の故障により宅建業を適正に営むことができない者
❷	破産者で復権を得ない者
❸	ア）不正手段による免許取得　　　　　┐ ア）～ウ）を理由に、 イ）業務停止処分事由に該当し情状が特に重い ├ 免許を取り消されてから ウ）業務停止処分違反　　　　　　　　┘ 5年経たない者 ❶
❹	上記❸ア）～ウ）に該当するとして**免許取消処分の聴聞の期日・場所が公示された日**から処分が決定されるまでの間に正当な理由なく**廃業等の届出**をした者で、**届出日から5年経たない者**
❺	懲役・禁錮に処され、その執行が終わってから5年経たない者 ❷
❻	**宅建業法**に違反した場合、**暴行罪・傷害罪・背任罪・脅迫罪・凶器準備集合罪・現場助勢罪等**により罰金の刑に処され、その執行が終わってから5年経たない者 ❷
❼	暴力団員または暴力団員でなくなった日から5年経たない者
❽	免許の申請前5年以内に、宅建業に関し、**不正または著しく不当な行為**をした者
❾	宅建業に関し、**不正または不誠実な行為**をするおそれが明らかな者
❿	営業に関し成年者と同一の能力を有しない未成年者で、その法定代理人が❶～❾のどれかに該当する者
⓫	法人業者で役員等や政令で定める使用人が、❶～❾のどれかに該当する者
⓬	個人業者で政令で定める使用人が、❶～❾のどれかに該当する者

プラスαの❶ 法人の場合は、「免許取消しの聴聞期日等の公示前60日以内の役員」も含む。

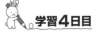

2
- 執行猶予期間が満了した場合、「5年経過」を持つことは不要。
- 控訴・上告中の者は、欠格事由に**該当しない**。

3 免許換え

免許換え が必要な ケース	事 例		元の免許➡新免許
	❶ 甲県のみに事務所 ➡甲県と乙県に事務所		甲県知事免許➡大臣免許
	❷ 甲県と乙県に事務所➡甲県のみに事務所		大臣免許　　➡甲県知事免許
	❸ 甲県のみに事務所 ➡乙県のみに事務所		甲県知事免許➡乙県知事免許
免許換え の申請先	原則	新免許権者に直接申請	
	新免許権者が国土交通大臣	主たる事務所の所在地の管轄知事を経由して申請	
免許換え の効力	• 旧免許の効力は新免許を受けた時に失効 • 新免許の有効期間は、新免許を受けた時から5年となる		

4 変更の届出

届出事項			
	❶	商号または名称	
	❷	法人業者	役員と政令で定める使用人の氏名
		個人業者	個人業者の氏名と政令で定める使用人の氏名
	❸	事務所の名称・所在地	
	❹	事務所ごとに置かれる専任の宅建士の氏名	
届出先・期間	免許権者に対し、変更してから30日以内に届け出る		

5 廃業等の届出

廃業等の届出事由	届出義務者		届出期間
死亡したとき	相続人		死亡を知った日から30日以内
法人が合併により消滅	消滅法人の代表役員だった者		その日から30日以内
破産手続開始の決定	破産管財人		
法人が合併・破産以外 の理由で解散	清算人		
宅建業の廃止	法人業者	代表役員	
	個人	宅建業者だった者	

狙われる!! 重要過去問【R元-問43-肢4】

　　免許を受けようとする法人の代表取締役が、刑法第231条（侮辱）の罪により**拘留の刑**に処せられ、その刑の執行が終わった日から5年を経過していない場合、当該法人は免許を受けることができない。

答え　　侮辱の罪による**拘留の刑**は、免許欠格事由では**ない**。　　　　✕

宅建業法

宅建士の登録・宅建士証

宅建士では、**変更の登録**と**登録の移転**が複合問題でよく出題されます。申請が「義務なのか・任意なのか」、申請事由の相違などを混同しないようにしましょう。

1 専任の宅建士の設置

設置義務	● 事務所では、従業員5人につき1人以上の割合 ● 買受けの申込みを受ける案内所等では、1人以上	**成年者である専任の宅建士の設置が必要** ❶	
みなし 宅建士	❶❷のどちらかに該当 ➡ 事務所等に置かれる「成年者である専任の宅建士」と扱われる	❶ 個人業者自身が宅建士	事務所等で、その者が**自ら主として業務に従事する場合**
		❷ 法人業者の役員が宅建士	事務所等で、その役員が**自ら主として業務に従事する場合**

プラスαの❶ 成年者である専任の宅建士が不足した場合は、**2週間以内**に、補充等の措置が必要。

2 宅建士の登録欠格事由と宅建業者の免許欠格事由の相違点

宅建士のみの登録欠格事由	宅建業者のみの免許欠格事由
❶ 営業に関して成年者と同一の行為能力を有しない未成年者 ❷	❶ 営業に関し成年者と同一の行為能力を有しない未成年者で、その法定代理人が一定の免許欠格事由に該当する場合
❷ 次のア）～エ）により登録が消除されてから5年を経ていない者 　ア）不正手段による登録・宅建士証の取得 　イ）事務の禁止処分事由に該当し情状が特に重い 　ウ）事務の禁止処分に違反 　エ）宅建士証の交付を受けずに宅建士としてすべき事務を行い、情状が特に重い	❷ 宅建業に関し、**不正または不誠実な行為をするおそれが明らかな者**
❸ ❷のア）～エ)により登録消除処分の聴聞の期日・場所が公示された後、相当の理由なく自ら登録の消除を申請し、登録の消除日から5年経たない者	❸ 免許の申請前5年以内に、宅建業に関し、**不正または著しく不当な行為をした者**

❹ 事務の禁止処分を受け、その禁止期間中に、自ら登録の消除を申請し登録が消除されたが、まだその事務の禁止期間が満了していない者	❹ 法人業者で、その役員等や政令で定める使用人・個人で政令で定める使用人が、一定の免許欠格事由に該当する場合

プラスαの 2 営業の許可を親権者等から受け、宅建業に関して成年者と同一の行為能力を有する未成年者は、登録を受けられる。

3 宅建士の登録の移転・変更の登録

		登録の移転	変更の登録
❶	申請事由	登録を受けた都道府県とは異なる他の都道府県の宅建業者の事務所の業務に従事し、または従事しようとする場合に申請できる（任意）❸❹	次の事項の変更時に申請が必要（義務）ア）氏名、イ）住所、ウ）本籍（日本国籍を有しない者は国籍）、エ）性別、オ）宅建業の従事者は、その宅建業者の商号・名称
❷	申請先	現在登録している知事を経由して、登録の移転先の知事に申請	登録している知事に、本人が直接申請
❸	申請期間	なし（任意のため）	変更後、遅滞なく行う（義務）
❹	宅建士証	● 登録の移転で、従前の宅建士証は失効 ● 移転先で宅建士の事務を行う場合、改めて宅建士証の交付申請が必要❺	上記❶ア）・イ）が変更した ➡宅建士証の書換え交付申請が必要

プラスαの 3 単に他の都道府県に住所を移転しただけでは、登録の移転の申請は不可。

❹ 事務禁止処分中は、登録の移転を申請できない。

❺ 有効期間は、従前の宅建士証の残存期間となる。

4 宅建士証の交付・有効期間・更新

宅建士証の	交付申請	❶ 交付の申請前6ヵ月以内に行われる登録知事指定講習の受講が必要 ❷ 試験合格日から1年以内に宅建士証の交付を受ける場合➡❶は不要
	有効期間	5年間
	更 新	有効期間の満了前6ヵ月以内に行われる登録知事指定講習の受講が必要

狙われる!! 重要過去問【H28-問38-ア】

宅地建物取引士（甲県知事登録）が、乙県で宅地建物取引業に従事することとなったため乙県知事に登録の移転の申請をしたときは、移転後新たに5年を有効期間とする宅地建物取引士証の交付を受けることができる。

答え 「新たに5年」ではなく、従前の宅建士証の残存期間が有効期間となる。 ✕

宅建業法

28 宅建士の登録・宅建士証

ズバリ予想！
29

宅建業法
営業保証金

12年間で
11回の
出題

営業保証金はほぼ毎年1問出題されています。**供託する金銭等**や**取戻し手続等**に関する保証協会（次テーマ「**30**」）との複合問題がよく出題されています。**弁済業務保証金分担金**との違いに注意しましょう。

1　営業保証金 🔆頻出

営業保証金の額	主たる事務所（本店）1,000万円、従たる事務所（支店）500万円		
供託すべき金銭等	❶ 金銭 ┐ 金銭のみ・有価証券のみでも、 ❷ 有価証券 ┘「金銭＋有価証券」でも**可**		
	国債証券	額面金額の	100%
	地方債証券・政府保証債券		90%
	その他の債券		80%
供託する場所	主たる事務所の最寄りの供託所❶		

プラスαの❶ 従たる事務所の分もあわせて、主たる事務所の最寄りの供託所に供託する。

2　供託と事業の開始時期の制限
（1）　事業の開始 🔆頻出

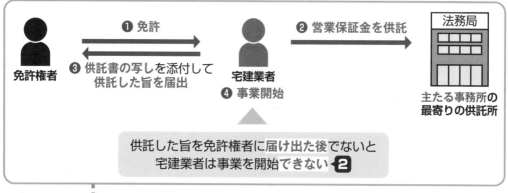

プラスαの❷ 事務所の増設時も、増設事務所の分について**供託**をし、免許権者へ供託書の写しを添付してその旨の届出をした**後**でなければ、増設事務所での事業の開始は**不可**。

（2） 供託した旨の届出がない場合

| ❶ 免許権者からの免許後3ヵ月以内に、宅建業者から供託した旨の届出がない | ▶ | ❷ 免許権者は、宅建業者に供託した旨の届出をするよう催告
❸ 催告から1ヵ月以内に、宅建業者から届出がない | ▶ | ❹ 免許権者は、宅建業者の免許を取り消すことができる |

3　保管替え

❶ 金銭のみで供託	遅滞なく、営業保証金を供託している供託所に対して、移転後の主たる事務所の最寄りの供託所への保管替えを請求する
❷ 有価証券を含んで供託	遅滞なく、移転後の主たる事務所の最寄りの供託所に、営業保証金を新たに供託（二重供託）する

4　営業保証金の還付 頻出

還付請求ができる者	宅建業者を除き、宅建業の「取引」から生じた債権を持っている者❸
還付可能な限度額	宅建業者が供託した営業保証金の範囲内のみ
営業保証金の還付により営業保証金が不足した場合 （営業保証金の充当）の流れ （❶➡❷➡❸）	❶ 免許権者は、不足が生じた旨の通知書を宅建業者に送付する ❷ 宅建業者は、❶の通知書の送付を受けた日から2週間以内に不足額を供託する ❸ 供託から2週間以内に、供託書の写しを添付して、不足額を供託した旨を免許権者に届け出る❹

プラスαの❸ 広告代金・請負報酬債権等は「取引」ではないので、還付の対象外。

❹ この期間内に届け出なかった宅建業者には、業務停止処分等が科される。

5　営業保証金の取戻し 頻出

取戻しができる場合	手続	
❶ 免許取消処分を受けた ❷ 免許が失効した	原則	還付請求権者に対して6ヵ月を下らない公告が必要
❸ 一部の事務所の廃止により営業保証金が法定額を超過した ❹ 二重供託となった ❺ 保証協会の社員になった	例外	公告不要で営業保証金を取り戻せる場合： 　ア）左記❹と❺の場合 　イ）左記❶～❸の場合で、取戻し事由が発生してから10年が経過

✏ 狙われる!! 重要過去問【R5−問30−肢ア】

　宅建業者Ａが免許を受けた日から6か月以内に甲県知事に営業保証金を供託した旨の届出を行わないとき、甲県知事はその届出をすべき旨の催告をしなければならず、当該催告が到達した日から1ヵ月以内にＡが届出を行わないときは、その免許を取り消すことができる。

答え　知事の催告がされるのは、宅建業者が免許を受けた日から3ヵ月以内である。 ✕

学習5日目

ズバリ予想！

30

宅建業法

保証協会

12年間で
11回の
出題

保証協会は、ほぼ毎年1問出題されています。「保証協会が供託」している「**弁済業務保証金**」によって取引の相手方が保護されるという点に、宅建業者が「**自ら供託**」する「**営業保証金**」との違いがあります。

1 弁済業務保証金分担金の納付等 🔍頻出

納付時期	**保証協会の社員**になる（＝保証協会に加入する）日まで
弁済業務保証金分担金の額	● 主たる事務所（本店）：**60万円** ● 従たる事務所（支店）：1ヵ所につき**30万円**
納付する物	金銭のみ
納付する場所	保証協会
事業開始の時期	保証協会が、供託書の写しを添えて、供託した旨の届出を免許権者にした後に可能となる
事務所を増設する場合	増設事務所を設置した日から**2週間以内**に、増設分について納付する必要がある **1 2**

プラスαの1 ⋮ 営業保証金では、事務所増設前に供託が必要だったことと比較しよう。

2 ⋮ 納付を怠ると、宅建業者は社員の地位を失う。

【保証協会に加入する場合の流れ】

宅建業者

❶ 保証協会の社員になる日までに弁済業務保証金分担金を納付

保証協会

保証協会

❷ 1週間以内に弁済業務保証金分担金と同じ額の**弁済業務保証金**を供託

供託所

法務大臣・
国土交通大臣
の定める
供託所

❸ 供託書の写しを添えて、供託した旨の届出を行う

免許権者

届出後でないと、
宅建業者は事業開始不可

2 弁済業務保証金の還付 💡頻出

還付請求ができる者	宅建業者を除き、宅建業の「取引」から生じた債権を持っている者 **3** **4**
還付可能な限度額	「営業保証金」に相当する保証協会の認証を受けた額の範囲内 **5**
還付により弁済業務保証金が不足した場合の流れ（❶➡❷➡❸）	❶ 保証協会は、国土交通大臣より還付の通知を受けた日から2週間以内に、還付された額に相当する弁済業務保証金を供託所に供託する ❷ 保証協会は、社員または社員だった者に、還付充当金を保証協会に納付すべきことを通知する ❸ 社員または社員だった者は、❷の通知を受けた日から2週間以内に、通知された額の還付充当金を保証協会に納付する **6**

プラスαの 3 広告代金・請負報酬債権等➡「取引」に関係しないため、還付の対象外。

4 宅建業者が保証協会の社員となる前に生じた債権についても、還付請求権者は、供託所に供託してある弁済業務保証金から還付を受けることができる。

5 営業保証金の還付では、保証協会の認証は不要だったことの違いに注意。

6 納付を怠ると、宅建業者は、社員の地位を失う。

3 弁済業務保証金の取戻し 💡頻出

取戻しができる場合	手 続
❶ 社員の地位を失った	還付請求権者に対して6ヵ月を下らない公告が必要
❷ 一部の事務所を廃止したため、弁済業務保証金が法定額を超過した	取戻しにあたり、公告不要 **7**

プラスαの 7 営業保証金の還付では、「一部の事務所廃止」の場合も公告が必要。

4 社員の地位を失った場合

社員であった宅建業者の対応	保証協会の社員の地位を失った場合	地位を失った日から1週間以内に営業保証金の供託が必要
	営業保証金を供託した場合	免許権者に、その旨の届出が必要
保証協会の対応	保証協会は、その社員が「社員の地位」を失ったときは、直ちに、その社員の免許権者に報告しなければならない	

✏️ **狙われる!! 重要過去問**【R2(10月)-問36-肢1】

　　保証協会の社員との宅建業に関する取引により生じた債権を有する者は、当該社員が納付した弁済業務保証金分担金の額に相当する額の範囲内で弁済を受ける権利を有する。

答え 弁済を受けられるのは、「営業保証金の額に相当する額」の範囲内。　　❌

宅建業法

30
保証協会

学習5日目
ズバリ予想！
31
宅建業法
広告等の規制
12年間で **12**回の出題
★★★★

広告開始時期の制限と契約締結時期の制限は、混同しがちです。**広告開始時期の制限**では、「**自ら貸借**」のみが制限対象外ですが、**契約締結時期の制限**は、**貸借にかかる取引のすべて**が**制限対象外**である点に注意しましょう。

1 誇大広告等の禁止 💡頻出

宅建業者は、業務に関して広告をするとき、次のような事項については誇大広告をしてはダメなんで〜す！

誇大広告に該当する表示	❶ 著しく事実に相違する表示、実際のものより著しく優良・有利であると人を誤認させるような表示◀**1** ❷ 顧客を集めるための売る意思のない広告（おとり広告）
虚偽・誇大広告が禁止される事項	❶ 宅地・建物の所在・規模・形質・現在もしくは将来の利用の制限 ❷ 現在もしくは将来の環境・交通その他の利便 ❸ 代金・借賃等の対価の額、その支払方法 ❹ 代金もしくは交換差金に関する金銭の貸借のあっせん

プラスαの 1
・被害者が出なかった
・将来の環境もしくは将来の交通その他の利便について、**宅建業者の予想である旨**を付け加えた
　〕左記の場合でも誇大広告に該当する

2 取引態様の別の明示義務 💡頻出

「取引態様の別の明示義務」とは	宅建業者は、下記❶❷の場合、実際に携わる取引の種類（「売主」「代理」「媒介」等）を明示して、取引相手に、取引の種類を知らせなければならない
明示しなければならない場面	❶ **広告をする時** ❷ **注文を受けた時**に、遅滞なく　〕❶❷それぞれの場面で取引態様の明示が必要◀**2**

プラスαの 2
広告をする時に取引態様を明示しても、実際に注文を受けた時には、あらためて取引態様を明示しなければならない。

3 広告を開始する時期の制限・契約締結時期の制限 💡頻出

制限の種類	要 件	取引の種類 ― ◯…制限されない取引 ✕…制限される取引

制限の種類	要 件			
広告開始時期の制限	❶ 宅地の造成工事・建物の建築工事の完了前		売買	交換	貸借
		自ら	✕	✕	◯
		媒介	✕	✕	✕
	❷ 工事に必要とされる開発許可・建築確認その他法令に基づく許可等を受ける前❸	代理	✕	✕	✕

どちらにも**該当すること**

	売買	交換	貸借
自ら	✕	✕	◯
媒介	✕	✕	◯
代理	✕	✕	◯

（契約締結時期の制限）

プラスαの❸ 建築確認等の**申請中**であっても、広告開始時期の制限・契約締結時期の制限を受ける。

宅建業法

31 広告等の規制

📝 **狙われる!! 重要過去問**【H29-問42-ウ】

　顧客を集めるために売る意思のない条件の良い物件を広告することにより他の物件を販売しようとした場合、取引の相手方が実際に誤認したか否か、あるいは損害を受けたか否かにかかわらず、監督処分の対象となる。

答え　本問の行為は誇大広告（おとり広告）に該当し、相手方が誤認したか否かにかかわらず、監督処分の対象となる。　◯

学習5日目

ズバリ予想！

32

宅建業法

業務上の諸規制

12年間で

12回の

出題

業務上の諸規制は、過去12年で**12回**出題されています。事例で出題されることもありますが、難しい内容ではなく、**常識で答えられるものが大半**です。確実な得点を目指しましょう。

1 手付の貸付けによる契約誘引の禁止 頻出

「手付貸付けによる契約の誘引」に該当する禁止行為	宅建業者が取引の相手方に ┌ ❶ 手付を貸し付けること 1 └ ❷ 手付の不足分につき支払猶予・分割払とすること
禁止されない行為	❶ 手付を減額するという条件での契約の誘引 ❷ 手付を含めた住宅ローンのあっせんを行うこと

プラスαの 1 ・手付による誘引をしたが、契約が成立しなかった ┐ 場合でも、禁止
・相手方が手付による誘引を了承している ┘ 行為に該当する

2 主な業務上の規制

重要な事実の不告知の禁止・不実告知の禁止	宅建業者は、その業務に関して、相手方等に対して、重要な事項について、**故意**に事実を告げず、または**不実**のことを告げる行為をしてはならない
不当な遅延行為の禁止	宅建業者は、その業務に関してなすべき宅地・建物の**登記・引渡し**、または、取引に係る**対価の支払い**を、不当に**遅延**する行為をしてはならない
守秘義務	・宅建業者やその使用人その他の従業者は、正当な理由なしに、業務上取り扱ったことについて**知り得た秘密**を他に漏らしてはならない ・宅建業を営まなくなった後または使用人その他の従業者でなくなった後も、同様
預り金の返還の拒否の禁止	宅建業者は、相手方等が契約の申込みの撤回を行うに際し、既に受領した**預り金**の全額の返還を拒んではならない
手付解除の拒絶・妨害の禁止	宅建業者は、相手方等が手付を放棄して契約の解除を行うに際し、**正当な理由なく**、当該契約の解除を拒み、または妨げてはならない
従業者証明書	・宅建業者は、従業者に、**従業者証明書を携帯**させなければ、その業務に従事させてはならない ・従業者は、取引の関係者の**請求**があったときは、従業者証明書の提示が必要 2

プラスαの 2 従業者証明書を、宅建士証の代わりに提示することは**不可**。

3 供託所等の説明義務

供託所等の 説明義務	宅建業者は、取引が**成立するまで**の間に、営業保証金を供託した**供託所**の所在地や加入している**保証協会**の名称等を、宅建業者を**除い**た取引相手に説明しなければならない	
供託所等について 説明すべき内容	宅建業者が保証協会の 社員でないとき	営業保証金を供託した**主たる事務所**の最寄りの供託所・その所在地
	宅建業者が保証協会の 社員であるとき	● 保証協会の社員である旨 ● **保証協会**の名称・住所・事務所の所在地 ● 保証協会が**弁済業務保証金**を供託した場合➡その供託所・所在地

4 不当な勧誘の禁止

 宅建業者の皆さんは、「不当な勧誘」に該当する次の行為をしてはダメですよ!

❶	宅建業に係る契約の締結を勧誘するに際し、相手方等に対し、**利益を生ずることが確実であると誤解させるべき断定的判断**を提供すること
❷	宅建業に係る契約を締結させ、またはその契約の申込みの撤回・解除を妨げるため、相手方等を**威迫**すること
❸	宅建業に係る契約の締結の勧誘をするに際し、相手方等に対し、その契約の目的物である宅地・建物の**将来の環境**または**交通その他の利便**について誤解させるべき**断定的判断**を提供すること
❹	宅建業に係る契約の締結の勧誘をするに際し、相手方等に対し、正当な理由なくその契約を締結するかどうかを判断するために**必要な時間を与えることを拒む**こと
❺	宅建業に係る契約の締結の勧誘をするに際し、相手方等に対し、**迷惑を覚えさせる**ような時間に電話・訪問すること
❻	深夜または**長時間の勧誘**その他の私生活または業務の平穏を害する方法により**困惑**させること
❼	勧誘に先立って宅建業者の商号・名称・勧誘を行う者の氏名並びに契約締結の勧誘をする目的である旨を告げずに勧誘を行うこと
❽	相手方が契約を締結しない旨の意思（勧誘を引き続き受けることを希望しない旨の意思を含む）を表示したにもかかわらず、勧誘を継続すること
❾	電子メールによる**一方的な商業広告**により、私生活または業務の平穏を害し、宅建業者の相手方を困惑させること

✎ 狙われる!! 重要過去問【R2(12月)-問26-肢1】

　宅建業者は、建物の売買に際し、買主に対して<u>売買代金の貸借のあっせん</u>をすることにより、契約の締結を誘引してはならない。

答え　**売買代金の貸借のあっせん（ローンのあっせん）は禁止されていない。** ✕

宅建業法

32 業務上の諸規制

ズバリ予想！

33

宅建業法

事務所・案内所等

12年間で **12** 回の 出題

事務所等に「**備付けが必要なもの**」は、過去12年で**12回**も出題されています。**事務所**に必要なものと**案内所**に必要なものの違いや、「**従たる事務所**」「**案内所**」でも**契約等をする場所**としない場所の違いで多くの受験生が苦戦しています。しっかり確認しましょう。

1 事務所等 頻出

事務所等	事務所	● 本店（主たる事務所）・支店（従たる事務所） ● 継続的に業務を行える施設を有する場所で、契約締結の権限を有する使用人を置くもの（出張所等）	
	案内所等	❶ 継続的に業務を行える施設を有する場所で、事務所以外のもの ❷ 一団の宅地・建物の分譲を行う場合の案内所 ❸ 一団の宅地・建物の分譲の代理・媒介を行う場合の案内所 ❹ 業務に関し展示会その他の催しを実施する場所	契約の締結等をする場所❶
事務所等以外で業務を行う場所		❺ 一団の宅地・建物を分譲する際の、それらの所在地	
		❻ 上記❶〜❹の場所で、契約の締結等をしない場所	

プラスαの❶ 「契約等をする場所」には、「**買受けの申込みをする場所**」も含まれる。

2 「事務所」に該当するか否か❷

本店	宅建業を営まなくても事務所に該当する
支店	宅建業を営むものだけ事務所に該当する

プラスαの❷ 〇…宅建業を営む事務所　✕…宅建業を営まない事務所

本店（A県）	支店（A県）	支店（B県）	免許権者
〇	〇	✕	A県知事
✕	✕	〇	国土交通大臣

3　事務所・案内所等に備付けが必要な「5点セット」 🔆頻出

○…必要　✕…不要

		内容	事務所	案内所等
❶	標識	宅建業者は、**事務所等及び事務所等以外の業務を行う場所ごとに、**公衆の見やすい場所に、一定の事項を記載した標識の掲示をする		○
❷	専任の宅建士	**事務所ごとに、その事務所の従業員の5人に1人以上**の割合で、**成年者である専任の宅建士を設置する		○ ❸
❸	従業者名簿	●**事務所ごとに、従業者名簿を備え置く** ●従業者名簿は、**最終の記載をした日から10年間保存する** ●**取引関係者から請求された場合は、閲覧に供しなければならない	○	✕
❹	帳簿	●**事務所ごとに、業務に関する帳簿を備え、**取引のあったつど、一定の事項の記載をする ●帳簿は各事業年度の末日をもって閉鎖し、**閉鎖後5年間保存する		✕
❺	報酬額	**事務所ごとに、**公衆の見やすい場所に、法定の報酬額の掲示が必要		✕

プラスαの❸　契約の締結等をする案内所等には、1人以上の設置が必要。

4　案内所等の届出 🔆頻出

届出対象となる案内所等	契約等を行う案内所等 ❹
届出義務者	案内所等を設置した宅建業者
届出先	**免許権者と所在地を管轄する知事の両方**
届出の時期	業務を開始する日の**10日前**

プラスαの❹　契約の締結等をしない案内所等については、届出不要。

🖊 狙われる!! 重要過去問【R5-問32-肢4】

　宅建業者G（丁県知事免許）が、その業務に関し展示会を丁県内で実施する場合、展示会を実施する場所において売買契約の締結（予約を含む）または売買契約の申込みの受付を行うときは、Gは展示会での<u>業務を開始する日の5日前</u>までに展示会を実施する場所について丁県知事に届け出なければならない。

答え　宅建業者が届出をしなければならないのは、「業務開始日の**10日前**までに」である。　　　　　　　　　　　　　　　　　　　　　　　　　　　　　　　　　　　　　✕

学習5日目

ズバリ予想！

34

宅建業法

媒介契約の規制

12年間で
12回の
出題

媒介契約の出題は過去12年で、なんと「**計19問**」！ うち、専任媒介契約・専属専任媒介契約は、ほぼ**毎年**の出題です。**35条書面・37条書面**を絡めた**複合問題**として出題された場合は、書面への記載事項や誰が記名（押印）等をするか等について、混同に注意しましょう。

1 媒介契約書（「法34条の2に規定する書面」）の作成義務

作成が必要な取引 （4種類）	❶ 売買の代理　　❷ 売買の媒介 ❸ 交換の代理　　❹ 交換の媒介 〕**1**
作成義務者	宅建業者
記名押印をする者	宅建業者 **2**
交付時期	媒介契約締結後、遅滞なく交付する **3**

プラスαの 1 ： 貸借の代理・媒介では、作成が**不要**。また、一般媒介でも作成は**必要**。

2 ： 宅建士の記名押印は**不要**。

3 ： 依頼者が**宅建業者**であっても、交付が**必要**。

2 媒介契約書の記載事項 頻出

❶	宅地・建物の特定に必要な事項		
❷	売買すべき価額・評価額 **4**		
❸	依頼者が他の宅建業者にも重ねて売買・交換の媒介・代理を依頼することの許否、これを許す場合の「他の宅建業者の明示義務の有無」に関する事項		
❹	媒介契約の有効期間・解除に関する事項		
❺	指定流通機構への登録に関する事項		
❻	報酬に関する事項		
❼	既存（中古）建物➡建物状況調査を実施する者のあっせんに関する事項		
❽	依頼者の違反行為に対する措置	専任媒介	依頼者が他の業者の媒介・代理によって売買・交換の契約を成立させたときの措置
		専属専任媒介	依頼者が自己発見取引により「依頼先の宅建業者が紹介した相手方」以外の者と売買・交換の契約を成立させたときの措置
		明示義務のある一般媒介 **5**	依頼者が明示していない他の業者の媒介・代理によって売買・交換の契約を成立させたときの措置
❾	媒介契約が、国土交通大臣が定めた標準媒介契約約款に基づくものか否かの別		

プラスαの 4
- 宅建業者は、その価額・評価額について意見を述べるときは、依頼者の要求がなくても、その根拠を明らかにする必要がある。
- その根拠は口頭で明らかにしてもよく、また、宅建士ではない一般の従業員が行ってもよい。

5
「明示義務のある一般媒介」とは、他の業者に重ねて媒介の依頼ができるが、その場合は、業者の明示が必要となる一般媒介である。

3 専任媒介契約と専属専任媒介契約の場合の規制 💡頻出

	専任媒介契約	専属専任媒介契約	一般媒介契約
❶ 定義	・他業者への依頼は不可 ・自己発見取引は可	・他業者への依頼は不可 ・自己発見取引は不可	他の業者への依頼は可
❷ 契約の有効期間	3ヵ月超は不可 **6**		3ヵ月超は可
❸ 契約の更新	有効期間の満了に際して、**依頼者の申出**があり、かつ、宅建業者がその申出を承諾することで更新される **7**		
❹ 業務処理状況の報告義務	2週間に1回以上	1週間に1回以上	定期報告の義務なし
	いずれも、売買・交換の**申込み**があった場合、依頼者に報告する義務あり		
❺ 指定流通機構への登録	契約締結の日から7日以内 **8**	契約締結の日から5日以内 **8**	**任意**（登録自体は可）

プラスαの 6
3ヵ月より長い期間の定め➡3ヵ月に短縮されるが、契約自体は有効。

7
- 専任媒介・専属専任媒介➡自動更新の特約は不可。
- 一般媒介➡自動更新の特約は可能。

8
休日は、不算入となる。

4 媒介契約書を電磁的方法によって提供可能な場合（❶〜❸すべて必要）

❶ 依頼者から、書面または電磁的方法による承諾を得ていること（＝口頭での承諾は不可）
❷ 依頼者による「依頼者ファイル」への記録の出力で、書面の作成が可能であること
❸ ファイルに記録された記載事項の「改変の有無」を確認できる措置を講じていること

📝 狙われる!! 重要過去問【R4-問31-肢4】

　宅建業者Aが、当該土地付建物の購入の媒介をBから依頼され、Bとの間で一般媒介契約を締結した場合、Aは、買主であるBに対しては、必ずしも法第34条の2第1項の規定に基づく書面を交付しなくともよい。

答え　宅建業者が**売買**の媒介契約をしたときは、依頼者（本問では買主B）に、媒介契約書を交付しなければならない。これは**一般媒介**でも同様である。　**✕**

学習5日目

ズバリ予想！

35

宅建業法
重要事項説明①

12年間で
12回の
出題

「重要事項説明」は、毎年2〜3問出題されています。説明方法等から説明事項の詳細まで幅広く問われますので、しっかり対策しましょう。

1　重要事項の説明義務等 ⭐頻出

重要事項を説明する者	宅建士 ❶	
重要事項説明の相手方 （物件の権利の取得者）❷	❶ 売買	買主になろうとする者
	❷ 貸借	借主になろうとする者
	❸ 交換	交換の両当事者になろうとする者
重要事項説明の時期等	契約締結前にしなければならない ❸	
重要事項説明書の交付 ❹	重要事項説明書をあらかじめ交付して、重要事項を説明する	
記名	宅建士の記名が必要 ❶	
宅建士証の提示	重要事項説明に際し、相手方の請求がなくても提示が必要	

プラスαの❶ 宅建士であれば、専任でなくても、重要事項の説明や記名ができる。

❷ 説明の相手方が宅建業者である場合は、重要事項説明は不要。

❸ 説明をする場所に制限はないので、事務所等以外で行うことも可能。

❹ ●説明の相手方が宅建業者でも、重要事項説明書の交付は必要。

　●重要事項説明書の作成は宅建業者の義務。

　　➡宅建士が作成する義務はない。

2　重要事項の内容（「売買・交換・貸借」の共通事項）⭐頻出

説明内容　　○…説明事項　✕…説明不要 △…一部不要	売買・交換		貸借	
	宅地	建物	宅地	建物
❶ 物件に存する登記された権利の種類・内容等	○	○	○	○
❷ 法令に基づく制限の概要 ❺	○	○	○	△
❸ 私道に関する負担に関する事項	○	○	○	✕
❹ 飲用水・電気・ガスの供給施設・排水施設の整備状況	○	○	○	○
❺ 物件が工事完了前のときは、工事完了時の形状・構造等	○	○	○	○
❻ 代金・交換差金・借賃以外に授受される金銭の額及び授受の目的	○	○	○	○

説明内容 　〇…説明事項 ✕…説明不要 ▲…一部不要	売買・交換		貸借	
	宅地	建物	宅地	建物
❼ 契約の解除に関する事項	〇	〇	〇	〇
❽ 損害賠償額の予定または違約金に関する事項	〇	〇	〇	〇
❾ 手付金等を受領する場合は、手付金等の保全措置の概要	〇	〇	✕	✕
❿ 支払金・預り金を受領しようとする場合、保全措置を講ずるか否か、措置を講ずるときはその措置の概要 **6**	〇	〇	〇	〇
⓫ 代金等の金銭の貸借のあっせんの内容、その不成立時の措置	〇	〇	✕	✕
⓬ 割賦販売をするときは、ア）現金販売価格、イ）割賦販売価格、ウ）頭金・賦払金の額・支払時期・方法	〇	〇	✕	✕
⓭ 住宅性能評価を受けた新築住宅であるときは、その旨	✕	〇	✕	✕
⓮ 物件が土砂災害警戒区域内・造成宅地防災区域内・津波災害警戒区域内にあるときはその旨	〇	〇	〇	〇
⓯ 物件が所在する市町村の長が提供する図面（水害ハザードマップ）に当該物件の位置が表示されているときは、当該図面における当該物件の所在地	〇	〇	〇	〇
⓰ 物件の契約不適合責任の履行に関し、保証保険契約の締結その他の措置を講ずるかどうか、及びその措置を講ずる場合は、その措置の概要	〇	〇	✕	✕
⓱ 石綿の使用の有無の調査結果が記録されているときは、その内容	✕	〇	✕	〇
⓲ 耐震診断を受けた建物であるときはその内容（昭和56年6月1日以降に新築の工事に着手したものを除く）	✕	〇	✕	〇
⓳ 物件が既存建物（中古住宅）である場合、右の事項　1年以内（鉄筋コンクリート造等の共同住宅等は2年以内）に建物状況調査を実施したか否か、実施している場合には、その結果の概要 🔧法改正	✕	〇	✕	〇
設計図書、点検記録その他の建物の建築及び維持保全の状況に関する書類（確認済証、建物状況調査報告書等）の保存の状況	✕	〇	✕	✕

プラスαの **5**：「建物の貸借」の場合は、「建物の建築の場合」のみに課される「開発許可・用途制限・建蔽率・容積率の制限」等の説明は不要。

6：50万円未満の支払金・預り金の受領の場合は、保全措置が不要。

狙われる!! 重要過去問【R4-問34-肢4】

当該建物（昭和56年5月31日以前に新築の工事に着手したもの）が指定確認検査機関、建築士、登録住宅性能評価機関または地方公共団体による耐震診断を受けたものであるときは、その旨を説明しなければならない。

答え 建物が指定確認検査機関等の耐震診断を受けたものであるときは、その内容を説明しなければならない。「耐震診断を受けた旨」を説明するだけでは足りない。 ✕

宅建業法 35 重要事項説明①

ズバリ予想！

36

宅建業法
重要事項説明②

12年間で
12回の
出題

貸借の説明事項には、売買の場合と**異なる**独特の説明事項があります。売買に携わる場合か貸借に携わる場合かによって、説明内容が変わりますので、問題文を読み落とさないようにしましょう。

1 区分所有建物の場合の特別な追加説明事項 頻出 ○…説明必要 ✕…説明不要

売買・交換の場合は、以下の❶〜❾の事項 すべて必要		貸借の場合 （❸と❼のみ必要）
❶	一棟の建物の敷地に関する権利の種類・内容	✕
❷	規約共用部分の定め（その案を含む）があるときは、その内容	✕
❸	専有部分の用途その他の利用の制限に関する規約の定め（その案を含む）があるときは、その内容	○
❹	一棟の建物またはその敷地の一部を特定の者にのみ使用を許す旨の規約の定め（その案を含む）があるときは、その内容	✕
❺	一棟の建物の計画的な維持修繕のための費用の積立てを行う旨の規約の定め（その案を含む）があるときは、その内容及び既に積み立てられている額	✕
❻	専有部分の所有者が負担すべき通常の管理費用の額	✕
❼	一棟の建物及び敷地の管理が委託されているときは、その委託を受けている者の氏名・住所等	○
❽	一棟の建物の計画的な維持修繕のための費用・通常の管理費用・その他建物の所有者が負担すべき費用を、特定の者にのみ減免する旨の規約の定め（その案を含む）があるときは、その内容	✕
❾	一棟の建物の維持修繕の実施状況が記録されているときは、その内容	✕

狙われる!! 重要過去問【R2（10月）–問44–肢4】

区分所有建物の売買の媒介を行う場合、一棟の建物の計画的な維持修繕のための費用の積立てを行う旨の規約の定めがあるときは、その内容を説明しなければならないが、既に積み立てられている額について説明する必要はない。

答え 既に積み立てられている額についても、説明が必要。　　✕

2 宅地・建物の貸借の場合の特別な追加説明事項 💡頻出

	説明事項　〇…説明が必要　✕…説明不要	宅地	建物
❶	契約期間・契約の更新に関する事項	〇	〇
❷	物件の用途その他の利用制限に関する事項	〇	〇
❸	敷金その他、契約終了時に精算予定の金銭の精算に関する事項	〇	〇
❹	物件の管理が委託されているときは、その委託を受けている者の氏名・住所	〇	〇
❺	台所・浴室・便所・その他、その建物の設備の整備の状況	✕	〇
❻	定期建物賃貸借・終身建物賃貸借を設定するときは、その旨	✕	〇
❼	契約終了時にその宅地の上の建物の取壊しに関する事項を定めるときは、その内容	〇	✕
❽	定期借地権を設定するときは、その旨	〇	✕

3 IT重説

 宅地・建物の売買・**交換**・貸借の代理・媒介の**重要事項の説明**には、ITを活用することができま〜す！

❶ 映像で図面等を視認でき、音声を十分聞き取れる双方向でやりとりできるIT環境を整備する **1**
❷ 宅建士が記名した重要事項説明を、事前に交付する
❸ 重要事項説明前に、重要事項説明書の準備とIT環境の確認をする
❹ 宅建士証を提示し、相手方が視認できたことを確認する **2**
❺ 映像・音声等のIT環境に不具合があれば、中断する

プラスαの 1 「映像等が視認可能」であることが必要であり、電話による重要事項説明は認められない。

2 宅建士証を提示しないことにつき、相手方の承諾があっても、提示は必要。

4 重要事項説明書を電磁的方法によって提供可能な場合（❶〜❹すべて必要）

❶ 依頼者から、書面または電磁的方法による承諾を得ていること（＝口頭での承諾は不可）
❷ 依頼者による「依頼者ファイル」への記録の出力で、書面の作成が可能であること
❸ ファイルに記録された記載事項の「改変の有無」を確認できる措置を講じていること
❹ 書面の交付にかかる宅建士が明示されていること

ズバリ予想！

37

宅建業法 ──────

37条書面

37条書面は、**毎年2問程度**出題されています。**売買**と**貸借**での記載事項や、**必要的記載事項**と**任意的記載事項の差異**が問われますので、違いを正確に答えられるように対策しましょう。

1 37条書面の交付義務等 頻出

書面を交付する者	宅建業者 **1**	
書面の交付の相手方	原則として、契約の両当事者に交付する **2** **3**	
	売買	買主と売主の両方
	貸借	借主と貸主の両方
	交換	交換の両当事者
書面の内容の説明	不要	
宅建士証の提示	不要 **4**	
書面への記名	宅建士が記名しなければならない **5**	
書面を交付する時期	契約後、遅滞なく	
書面を交付する場所	制限されない	

プラスαの 1 宅建士でなくても、書面の交付はできる。

2 宅建業者が**自ら売主・交換の当事者**となる場合は、買主・交換の相手方のみに交付すればよい。

3 契約当事者が宅建業者でも、交付を省略することはできない。

4 取引の関係者から請求があった時は、提示する必要がある。

5 ・記名は、**専任の宅建士でなくてもよい**。
・複数の宅建業者が媒介等に関与する場合は、**すべての宅建業者の宅建士による記名が必要**。

2　37条書面の記載事項 ☀頻出

○…記載が必要　✕…記載不要　▲…定めがあれば記載が必要（任意的）

	説明事項	売買・交換	貸借
必要的記載事項	❶ 当事者の氏名・住所	○	○
	❷ 物件を特定するために必要な事項（所在・地番等）	○	○
	❸ 代金・交換差金・借賃の額・支払時期及びその方法	○	○
	❹ 移転登記等の申請時期	○	✕
	❺ 物件の引渡し時期	○	○
	❻ 物件が既存建物であるときは、建物の構造耐力上主要な部分等の状況について当事者の双方が確認した事項	○	✕
任意的記載事項	❼ 代金等以外に授受される金銭の額・目的・授受の時期	▲	▲
	❽ 契約の解除に関する定め	▲	▲
	❾ 損害賠償の予定額・違約金に関する定め	▲	▲
	❿ 代金等の金銭のあっせんが成立しないときの措置	▲	✕
	⓫ 天災等不可抗力による損害の負担（危険負担）に関する特約	▲	▲
	⓬ 契約不適合責任に関する特約・契約不適合責任の履行についての定め	▲	✕
	⓭ 租税その他の公課（固定資産税等）の負担に関する定め	▲	✕

3　37条書面を電磁的方法によって提供可能な場合（❶〜❹すべて必要）

❶ 依頼者から、書面または電磁的方法による承諾を得ていること（＝口頭での承諾は不可）
❷ 依頼者による「依頼者ファイル」への記録の出力で、書面の作成が可能であること
❸ ファイルに記録された記載事項の「改変の有無」を確認できる措置を講じていること
❹ 書面の交付にかかる宅建士が明示されていること

📝 **狙われる!! 重要過去問**【R2(12月)-問37-肢1】

　既存の建物の構造耐力上主要な部分等の状況について当事者の双方が確認した事項がない場合、確認した事項がない旨を37条書面に記載しなければならない。

答え　**必要的記載事項**であり、「**確認した事項がない旨**」の記載が**必要**。　○

学習6日目

ズバリ予想！

38

宅建業法

重要事項説明（35条書面）と37条書面の対比

12年間で7回の出題

重要事項説明（35条書面）と37条書面の交付の違いを問う問題がよく出題されています。手続の違いや**説明事項・記載事項**の違いに注意しましょう。

1 重要事項説明（35条書面）と37条書面の交付手続の対比

	重要事項説明	37条書面
書面の交付義務者	宅建業者	
重要事項説明・書面の交付の相手方	宅建士が**物件の取得者**に重要事項説明書を交付して説明する **1** **2**	● 契約の両当事者に書面を交付する ● 宅建士以外でも交付できる
書面に記名をする者	宅建士 **1**	
書面の交付時期	契約の成立前まで	契約成立後遅滞なく

プラスαの 1 : 専任の宅建士である必要はない。

2 : 物件の取得者が**宅建業者**の場合、重要事項の説明は不要だが、重要事項説明書の交付は必要。

2 「35条書面」と「37条書面」の記載事項の対比（重要なもの）

○…記載が必要 ✕…記載が不要 ▲…定めがあれば記載が必要（任意的）

記載事項	35条書面	37条書面
❶ 当事者の氏名・住所	✕	○
❷ 物件の特定に必要な事項（所在・地番等）	✕	○
❸ 代金・交換差金・借賃の額・支払時期及びその方法	✕	○
❹ 代金等以外に授受される金銭の額・目的	○	▲
❺ 代金等以外に授受される金銭の授受の時期	✕	▲
❻ 登記された権利の種類・内容・登記名義人	○	✕
❼ 移転登記等の**申請時期**	✕	○ （貸借：✕）
❽ 物件の引渡し時期	✕	○

記載事項	35条書面	37条書面
⑨ 物件が既存建物の場合の、設計図書・点検記録その他の建物の建築・維持保全の状況に関する書類の保存の状況	○ ❸	× ❹
⑩ 物件が所在する市町村の長が提供する図面（水害ハザードマップ）に当該物件の位置が表示されているときは、当該図面における当該物件の所在地	○	×
⑪ 契約の解除に関する定め	○	△
⑫ 損害賠償の予定額・違約金に関する定め	○	△
⑬ 代金等の金銭のあっせんが成立しないときの措置	○	△
⑭ 天災等不可抗力による損害の負担（危険負担）に関する特約	×	△
⑮ 売主の契約不適合責任に関する特約	×	△
⑯ 売主の契約不適合責任の履行確保措置の定め	○	△
⑰ 租税その他の公課（固定資産税等）の負担に関する定め	×	△
⑱ 法令に基づく制限の概要	○	×
⑲ 私道に関する負担に関する事項	○ (建物の貸借：×)	×
⑳ 物件の用途その他の利用制限に関する事項	○	×
㉑ 飲用水・電気・ガスの供給・排水施設の整備状況	○	×
㉒ 物件が工事完了前の場合は、工事完了時の形状・構造等	○	×
㉓ 手付金等を受領する場合は、手付金等の保全措置の概要	○ (貸借：×)	×
㉔ 支払金または預り金を受領する場合は、保全措置を講ずるか否か、措置を講ずる場合はその措置の概要	○	×

プラスαの❸ 35条書面では、物件が**既存建物**（中古物件）の場合、「1年（鉄筋コンクリート造等の共同住宅等は2年）以内に建物状況調査を実施したか否か」について、また、実施している場合には「その結果の概要」の記載が必要。🔧 **法改正**

❹ 37条書面では、物件が**既存建物**の場合は、「既存建物の状況調査について当事者双方が確認した事項」の記載が必要。

✏️ **狙われる!! 重要過去問**【H28-問39-肢2】

　契約の解除について定めがある場合は、重要事項説明書にその旨記載し内容を説明したときも、37条書面に記載しなければならない。

答え　契約の解除は、重要事項の説明事項であり、同時に**37条書面の任意的記載事項**でもある。　　　　　　　　　　　　　　　　　　　　　　　　○

宅建業法

38 重要事項説明（35条書面）と37条書面の対比

宅建業法

8種制限①
（手付金等の保全措置）

12年間で
10回の
出題

 宅建業者が**自ら売主**となり、**宅建業者でない買主**と売買契約をする場合にのみ適用される規制が、**8種制限**です。その中の1つである**手付金等の保全措置**では、**保全措置が不要**となる要件がよく問われています。重要な数字等を覚えましょう。

1 自ら売主の場合の「8種制限」の適用がある場合・ない場合 頻出

適用あり	・宅建業者が自ら売主となる ・宅建業者でない買主と売買契約をする ┐両方に該当する場合
適用なし	❶ 宅建業者が売主となり、宅建業者である買主と売買契約をする場合 ❷ 宅建業者でない者が売主となり、宅建業者である買主と売買契約をする場合 ❸ 宅建業者でない者が売主となり、宅建業者でない買主と売買契約をする場合 ❹ 宅建業者が売主の代理・媒介を行う場合

2 手付金等の保全措置 頻出

「手付金等」の定義		手付金・中間金等の名称のいかんを問わず、契約締結日以後、物件の引渡し前までに授受される金銭のこと ❶		
保全措置の要否	原則	保全措置を講じる前に、原則として、手付金等を受領してはならない ❷		
	例外	❶❷のどちらかの場合は、保全措置が不要 ❶ 買主が所有権移転登記をした場合、または所有権保存登記を備えた場合 ❷ 手付等の金額が、次の一定額以下の場合		
		ア）工事完了前の物件	代金額の**5%以下**、かつ**1,000万円以下**	
		イ）工事完了後の物件	代金額の**10%以下**、かつ**1,000万円以下**	

手付金等の保全の方法	保全の方法 物件の状況	銀行等の保証	保険事業者の保証保険	指定保管機関の保管
	ア）未完成物件	〇	〇	×
	イ）完成物件	〇	〇	〇

プラスαの **1** 物件の引渡しと同時に支払われる全額の代金や、引渡し後に支払われる残代金は、手付金等には含まれないので、保全措置は不要。

2 宅建業者が手付金等の保全措置を講じないときは、買主は、手付金等を支払わなくても、債務不履行とはならない。

具体例 代金が3,000万円の完成物件について、契約前に申込証拠金200万円、売買契約締結時に手付金200万円、物件の引渡し時に残代金2,600万円を受領する場合

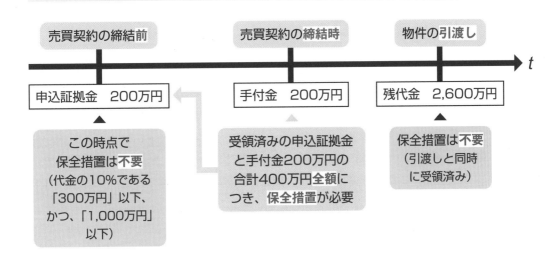

狙われる!! 重要過去問【R2(10月)-問42-肢2】

　宅建業者Aが、宅建業者ではないCとの間で、自ら売主となる建築工事の完了前に締結する建物（代金5,000万円）の売買契約においては、Aは、手付金200万円を受領した後、法第41条に定める手付金等の保全措置を講じなければ、当該建物の引渡し前に中間金300万円を受領することができない。

答え 手付金と中間金を合計すると（計500万円）、代金の**5％**を超えるので、中間金の受領前に保全措置が**必要**。 **○**

学習6日目

ズバリ予想！

40

宅建業法

8種制限②
（クーリング・オフ）

12年間で
12回の
出題

クーリング・オフは**毎年1問出題**されています。**クーリング・オフの可否**について集中的に問われるので、**クーリング・オフができない場所**や**クーリング・オフができなくなるケース**等を覚えましょう。

1 クーリング・オフ 頻出

定　義	事務所等**以外**の場所で、買受けの申込みまたは売買契約を締結した買主は、**書面**により、その申込みの撤回または売買契約の解除を、**無条件**で行うことができる
方　法	買主が、**書面**により行わなければならない
効　果	❶ 売主の業者は、速やかに、手付金を**現実に返還**しなければならない ❷ 売主の業者は、買主に**損害賠償請求等をすることができない**
効果発生時期	買主が書面を**発した時**に生じる
クーリング・オフができなくなる場合	❶ 買主が物件の**引渡し**を受け、かつ、**代金全額**を支払った場合 ❷ 買主が、宅建業者よりクーリング・オフができる旨について書面による告知を受けた日から起算して**8日**を経過した場合 ◀**1**　❶❷のどちらかに該当 ➡ クーリング・オフ不可
クーリング・オフが	適用される場所	● テント張りの案内所 ● 現地付近のレストラン ● ホテルのロビー ● 買主の申出によるものではない買主の**自宅・勤務先**
	適用されない場所	● 宅建業者の事務所 ● 専任の宅建士の設置義務がある案内所等 ◀**2** ● 他の宅建業者から代理・媒介の依頼を受けたその代理・媒介を行う業者の事務所 ● 買主の申出による買主の**自宅・勤務先**
特　約	買主に**不利な特約は無効**

プラスαの❶ 宅建業者が交付する「告知書面」には、次の6つの記載が必要。
　① 買主の氏名・住所
　② 宅建業者の商号・名称・住所・免許証番号
　③ **告知日から8日間は書面**でクーリング・オフができる旨
　④ クーリング・オフが行われた場合は、宅建業者は損害賠償請求ができない旨
　⑤ クーリング・オフは、**書面を発した時**に効力が生じる旨
　⑥ クーリング・オフが行われた場合、宅建業者は手付金等を遅滞なく返還する旨

❷ 「案内所等」は、モデルルーム等、土地に定着している物件であることが必要。

2 「申込み」と「契約締結の場所」が異なる場合のクーリング・オフ

○…適用あり　✕…適用なし

買受けの申込みの場所	契約を締結した場所	クーリング・オフの適用❸
事務所等	事務所等以外 ➡	✕
事務所等以外	事務所等 ➡	○

具体例 宅建業者でない買主Aが、宅建業者Bからの提案により自宅で買受けの申込みを行い、その後、Bの事務所で売買契約を締結した場合

「宅建業者Bからの提案」による買主Aの自宅での買受けの申込み

＝「買主Aからの申出による自宅での買受けの申込み」ではない ❸

買主Aは、クーリング・オフができる

プラスαの❸ つまり、**買受けの申込みの場所**が「クーリング・オフが可能か否か」で判断すればよく、「実際に契約を締結した場所」は無関係。

狙われる!! 重要過去問【R2(12月)−問39−肢1】

　宅建業者ではないBは、宅建業者Aの仮設テント張りの案内所で宅地の買受けの申込みをし、2日後、Aの事務所で契約を締結した上で代金全額を支払った。その5日後、Bが、宅地の引渡しを受ける前に当該契約について解除の書面を送付した場合、Aは代金全額が支払われていることを理由に契約の解除を拒むことができる。

答え 買主Bは宅建業者Aより**宅地の引渡し**を受けていないので、代金が全額支払済みであってもクーリング・オフできる。　✕

ズバリ予想！
41

宅建業法
8種制限③
（その他の規制）

12年間で
11回の
出題

8種制限での出題のメインである「手付金等の保全措置」や「クーリング・オフ」以外の論点も、**複合問題**で出題されています。民法の規定との**違い**等に注意しましょう。

1 手付金の額等の制限・損害賠償額の予定等の制限 ◆頻出

手付金の額とその性質の制限	❶ 宅建業者は、代金額の**20%**を超える手付金を受領できない **1** ❷ 宅建業者が受領した手付金は、常に**解約手付**となる ❸ ❶❷に関し、買主に**不利な特約は無効**となる
損害賠償額の予定等の制限	❶ 宅建業者は、債務不履行による損害賠償額の予定と違約金の合算額が代金額の**20%**を超えることとなる定めができない ❷ ❶に反する特約は、代金額の**20%**を超える部分についてのみ**無効**となる

> **プラスαの 1** 「手付金等の保全措置」の場合とは異なり、**手付金のみ**が対象。また、たとえ保全措置を講じたとしても、手付金は、代金額の**20%**を超えてはならない。

2 自己の所有に属しない物件の売買の禁止 ◆頻出

原 則	❶ 第三者の所有に属する宅地建物 ❷ 工事完了前の宅地建物	買主と売買契約（予約を含む）を締結してはならない
禁止されない例外	❶ 第三者との売買契約が、「売買契約の**予約**」である場合 **2** ❷ 未完成物件の場合で、宅建業者が**手付金等の保全措置**を講じている場合	買主と売買契約を締結できる

> **プラスαの 2** つまり、「所有者である第三者から物件を確実に取得できる契約が締結されていることを前提に、買主と売買契約を締結できる」ということである。したがって、第三者との売買契約が**停止条件付契約**の場合は、買主と売買契約を締結できない。

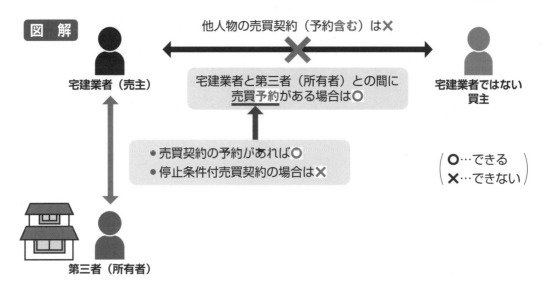

他人物の売買契約（予約含む）は✕

宅建業者と第三者（所有者）との間に 売買予約がある場合は〇

- 売買契約の予約があれば〇
- 停止条件付売買契約の場合は✕

宅建業者（売主）

宅建業者ではない 買主

（〇…できる
✕…できない）

第三者（所有者）

宅建業法

3 契約不適合責任に関する特約の制限 💡頻出

「民法の規定より買主に 不利な特約」をした場合	原 則	「民法の規定より買主に不利となる特約」は無効 ➌ ➡民法の定めが適用される
	例 外	買主からの、売主に対する契約不適合の旨の通知期間を「引渡しから2年以上」とする特約➡有効

プラスαの➌ 民法上は、「買主に不利な特約」でも原則有効なこととの違いに注意。

41
8種制限③（その他の規制）

4 割賦販売契約の解除の制限・所有権留保等の制限

割賦販売契約の 解除の制限➍	❶ 割賦販売契約の賦払金の支払が滞った場合は、**30日以上の相当の期間**を定め、その支払を書面で催告し、その期間内に支払われないときでなければ、**契約の解除及び支払時期の到来していない賦払金の支払**を請求できない ❷ ❶に反する特約は無効
所有権留保等の制限	買主の支払額が代金額の**30%超** ➡次の❶❷の制限が課される
	❶ 物件の引渡し前 | 所有権留保が禁止される
	❷ 物件の引渡し後 | 譲渡担保が禁止される

プラスαの➍ 「割賦販売」とは、目的物の引渡し後、代金の支払が1年以上にわたり、かつ、2回以上に分割して行われる契約形態をいう。

🖊狙われる!! 重要過去問【R元-問27-ア】

　宅建業者は、自己の所有に属しない宅地又は建物についての自ら売主となる売買契約を締結してはならないが、当該売買契約の予約を行うことはできる。

答え 売買契約の締結はもちろん、その予約をすることもできない。 ✕

ズバリ予想！
42

宅建業法
報酬に関する規制
・報酬額①（売買）

報酬については、**毎年1～2問**、報酬額の計算や低廉な物件の調査費用等から出題されています。報酬の計算は、確実にできるようにしておきましょう。

1 依頼者の特別の依頼による広告費等

❶	宅建業者が、**依頼者の特別の依頼によって行った広告料金や調査費用**は、報酬とは別に受領できる
❷	宅建業者が依頼者の承諾なしに行った広告の料金は、たとえ取引が成立しても、報酬とは別に受領できない

2 不当に高額な報酬の要求の禁止

内容	宅建業者は、その業務に関して、相手方に対して、不当に高額の報酬を要求してはならない
具体例	不当に高額の報酬を要求したが ❶ 実際には受領しなかった場合 ❷ 受領したのは法定の報酬額の範囲内だった場合 ┐ すべて宅建業法違反となる ❸ 相手方が承諾して要求額を支払った場合 ┘

3 宅建業者が受領できる報酬の限度額 🔍頻出

宅建業者が 受領できる 報酬の限度額	200万円以下	5%	400万円以下の低廉な宅地・建物（空き家等）の売買を代理・媒介する際に受領できる報酬の上限 ➡「現地調査等に要する費用」を含めて18万円（＋消費税）まで
	200万円超～ 400万円以下	4%＋2万円	
	400万円超	3%＋6万円	
消費税	課税業者	報酬額に10%加算	
	免税業者❶	報酬額に4%加算	

プラスαの❶ 免税業者であっても、物件の仕入れ等にあたって消費税を負担しているため、「みなし仕入率」として報酬額への4%の加算が認められる。

4 売買・交換の「媒介・代理」で受領できる報酬の限度額 頻出

媒介の場合	依頼者の一方から	前記3の「報酬の限度額」まで
	その取引全体で **2**	前記3の「報酬の限度額」の2倍まで
代理の場合	依頼者の一方から	前記3の「報酬の限度額」の2倍まで **3**
	その取引全体で **2**	前記3の「報酬の限度額」の2倍まで

プラスαの2 複数の宅建業者が取引に関わっても、宅建業者の全員が受領する報酬は、合計して前記3の「報酬の限度額」の2倍までとなる。

3 「媒介の場合」とは違い、依頼者の一方からでも「報酬の限度額の2倍」が受領できる。

具体例 2,000万円の売買契約で、宅建業者A社は売主を媒介し、B社は買主を代理した。

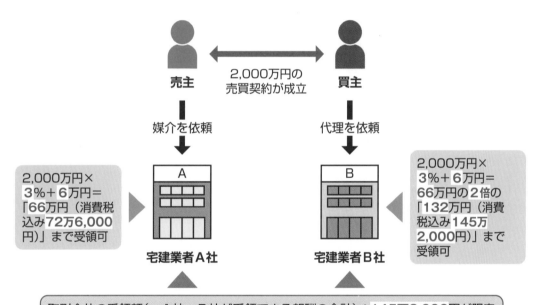

売主 ⟷ 買主
2,000万円の売買契約が成立

媒介を依頼　　　代理を依頼

A　　　　　B

2,000万円×3%＋6万円＝「66万円（消費税込み72万6,000円）」まで受領可

2,000万円×3%＋6万円＝66万円の2倍の「132万円（消費税込み145万2,000円）」まで受領可

宅建業者A社　　　宅建業者B社

取引全体の受領額（＝A社・B社が受領できる報酬の合計）➡145万2,000円が限度

狙われる!! 重要過去問【R2(10月)-問30-肢1】

　宅建業者Aは売主から代理の依頼を、宅建業者Bは買主から媒介の依頼を、それぞれ受けて（AB共に消費税課税事業者）、代金5,000万円の宅地の売買契約を成立させた場合、Aは売主から343万2,000円、Bは買主から171万6,000円、合計で514万8,000円の報酬を受けることができる。

答え A・Bが合計で受領できる報酬額の上限は、**343万2,000円**となる。 ×

宅建業法

42 報酬に関する規制・報酬額① (売買)

ズバリ予想！

43

宅建業法

報酬額②
（貸借）

 貸借の場合の報酬では、**居住用建物とそれ以外（宅地・店舗等）**とで報酬額の計算方法が異なることに注意しましょう。

【貸借の「代理・媒介」で受領できる報酬の限度額】 💡頻出

報酬の上限額 （代理・媒介共通）	・依頼者の一方から ・その取引全体で （例複数業者が関与する場合）	どちらの場合でも「賃料の1ヵ月分」まで
居住用建物と 居住用建物以外の 「媒介」の例外	❶ 居住用建物の 貸借の媒介	依頼者の一方から受領できる報酬限度額は、依頼者の承諾がないときは「借賃の1ヵ月分」の$\frac{1}{2}$までに制限される◀❶
	❷ 居住用建物以外 （宅地・店舗等） の貸借の媒介	権利金の授受があるときは、その額を「取引価格」とみなして、**売買・交換の場合の計算方法**によって報酬を受領できる

プラスαの❶
- 居住用建物以外の貸借では、依頼者のどちらからでも「借賃の1ヵ月分」を上限に受領できる。
- 「代理」では、依頼者の一方から「借賃の1ヵ月分」を上限に受領できる。

📖狙われる!! 重要過去問【R2(10月)-問30-肢3】

　宅建業者Aが単独で貸主と借主の双方から店舗用建物の貸借の媒介の依頼を受け、1か月の借賃25万円、権利金330万円（権利設定の対価として支払われるもので、返還されないものをいい、消費税等相当額を含む。）の賃貸借契約を成立させた場合、Aが依頼者の<u>一方から</u>受けることができる報酬の上限額は、30万8,000円である。

答え 「一方から」ではなく、貸主・借主「**双方から**」受けることができる報酬の上限額が、**30万8,000**円となる。　　　　　❌

具体例-1 宅建業者A社が、貸主・借主の双方を媒介して1ヵ月分の賃料10万円・権利金200万円で、居住用建物の賃貸借契約を成立させた。

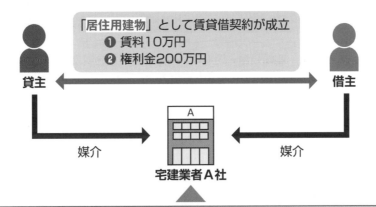

A社は、貸主・借主それぞれから「❶賃料」の1ヵ月分の$\frac{1}{2}$（貸主から**5**万円、借主から**5**万円：消費税込み各5万5,000円）を上限に（計10万円：消費税込み11万円）、報酬として受領できる**❷**

プラスαの❷ 「居住用建物」であるため、権利金を「取引価格」とはみなさない。

具体例-2 宅建業者A社が、貸主・借主の双方を媒介して賃料9万円・権利金200万円で店舗の賃貸借契約を成立させた。

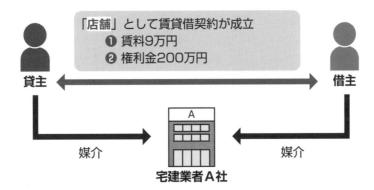

❶ 賃料9万円（消費税込み9万9,000円）
❷ 権利金200万円×5％×2（貸主・借主双方の媒介）＝20万円（消費税込み22万円）

▶ A社は、❶と❷を比べて高い方である❷20万円（消費税込み22万円）を上限に、報酬として受領できる

ズバリ予想！

44

宅建業法

監督処分・罰則

12年間で **12**回の出題

監督処分・罰則は、他の規定と複合問題で出題されることもあります。すべてを覚えるのは大変ですので、ここにある「**過去問で出題された論点**」に絞って、きっちり覚えておきましょう。

1 宅建業者に対する監督処分

監督処分の種類	処分権者	該当事由（主なもの）
指示処分	● 免許権者 ● 業務地を管轄する都道府県知事	● 宅建業法違反 ● 宅建士が監督処分を受けた場合で、宅建業者の責めに帰すべき事由がある
業務停止処分 **1**	● 免許権者 ● 業務地を管轄する都道府県知事	● 指示処分に違反 ● 重要事項説明をしなかった ● 宅建業に関し、不正または著しく不当な行為をした
免許取消処分	免許権者のみ	● 不正手段により免許を取得した ● 免許換えをしてない ● 免許取得から1年以内に営業を開始しない ● 1年以上営業を休止

プラスαの1 1年以内の期間を定めて、業務の全部または一部の停止を命ずる処分をいう。

2 宅建士に対する監督処分

監督処分の種類	処分権者	該当事由（主なもの）
指示処分	● 登録を受けた知事 ● 違反行為地を管轄する都道府県知事	● 名義貸しをして、他人が宅建士である旨の表示をした ● 宅建士の事務に関し、不正または著しく不当な行為をした
事務禁止処分 **2**	● 登録を受けた知事 ● 違反行為地を管轄する都道府県知事	● 指示処分事由に該当 ● 指示処分に従わなかった
登録消除処分	登録を受けた知事のみ	● 不正手段により宅建士証の交付を受けた

プラスαの2 1年以内の期間を定め、宅建士としての事務を禁止する処分をいう。

3 監督処分の流れ（宅建業者・宅建士共通）

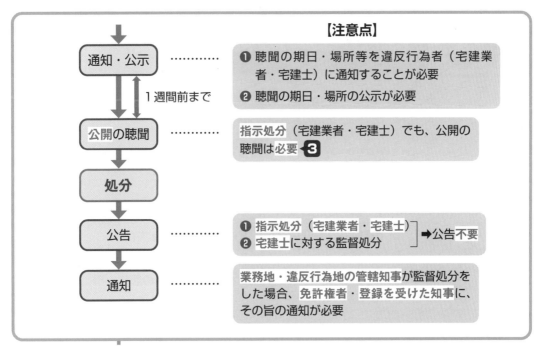

【注意点】

通知・公示 …………
❶ 聴聞の期日・場所等を違反行為者（宅建業者・宅建士）に通知することが必要
❷ 聴聞の期日・場所の公示が必要

↕ 1週間前まで

公開の聴聞 …………
指示処分（宅建業者・宅建士）でも、公開の聴聞は必要 🔟

処分

公告 …………
❶ 指示処分（宅建業者・宅建士）
❷ 宅建士に対する監督処分 ┃➡公告不要

通知 …………
業務地・違反行為地の管轄知事が監督処分をした場合、免許権者・登録を受けた知事に、その旨の通知が必要

プラスαの🔟 宅建業者が所在不明の場合、官報等で公告し、その公告の日から30日が経過してもその者からの申出がない場合、免許権者は、聴聞手続は不要で、免許取消しができる。

4 罰則（重要なもの）

3年以下の懲役または300万円以下の罰金、または両者の併科	❶ 不正手段によって免許を取得した ❷ 名義貸しによって他人に営業させた ❸ 業務停止処分に違反して営業した ❹ 無免許営業をした ┃ の義務違反
50万円以下の罰金	● 帳簿の備付け ● 従業員名簿の備付け ● 標識の掲示 ● 報酬額の掲示 ● 37条書面の交付 ● 守秘義務（従業者も対象）┃ 等の義務違反
10万円以下の過料	● 登録消除等による宅建士証の返納 ● 事務禁止処分による宅建士証の提出 ● 重要事項説明の際の宅建士証の提示 ┃ 等の義務違反

✏ 狙われる!! 重要過去問【R4−問29−肢2】

宅地建物取引士は、業務に関して事務禁止の処分を受けた場合、速やかに、宅地建物取引士証をその交付を受けた都道府県知事に提出しなければならず、これを怠った場合には罰則の適用を受けることがある。

答え 宅建士証の提出義務に違反した場合、罰則（10万円以下の過料）が科される。 〇

ズバリ予想！

45

宅建業法

住宅瑕疵担保履行法

12年間で
12回の
出題

住宅瑕疵担保履行法は、**毎年1問出題**されます。民法の**契約不適合責任**や宅建業法の**営業保証金の供託**の知識が**一部流用**されていますので、ここであわせて覚えておきましょう！

1 住宅瑕疵担保履行法の内容 頻出

供託・保険への加入義務者	❶ 宅建業者（信託会社等で宅建業を営む者を含む） ❷ 建設業者
担保の対象	建設完了後1年を経過していない、かつ、**人の居住の用に供したことがない新築住宅**
対象となる取引	①宅建業者が自ら売主 ②宅建業者でない者が買主 ┐となる取引 ❶
対象となる箇所	● 構造耐力上主要な部分（基礎・はり・床等） ● 雨水の浸入を防止する部分（屋根・外壁・開口部等）┐ の瑕疵
責任期間	引渡しから**10年間** ❷
責任内容	❶ 損害賠償請求、❷ 追完請求、❸ 契約解除、❹ 代金減額請求

プラスαの ❶
● ①：**代理業者・媒介業者**
● ②：**買主が宅建業者** ┐ の場合➡対象外

❷ 民法上の「種類・品質に関する契約不適合責任」では、「買主は契約不適合を知った時から1年以内に通知をすれば売主に追完請求等の責任追及が可能」であることとの違いに注意。

2 履行確保等の方法
（1） 住宅販売瑕疵担保保証金の供託 頻出

供託すべき者	売主である宅建業者
書面の交付・その説明	売買契約締結前に、供託所の名称・所在地等について書面を交付して説明しなければならない
供託すべき金額	過去10年間の新築住宅の供給戸数に応じて算出した額 ➡床面積が55㎡以下の場合、「**2戸をもって1戸**」として算出する

供託物	❶ 金銭			
	❷ 有価証券			
		国債証券	額面 金額の	100%
		地方債証券・政府保証債証券		90%
		その他の債券		80%
供託場所	主たる事務所の最寄りの供託所			
供託した旨等の 届出期限	基準日（毎年3月31日）から3週間以内 ❸			
届出先	免許権者			
届出がない場合 の措置	基準日の翌日から起算して50日を経過した日以降、新たに新築住宅の 売買契約をすることができなくなる			
還付 （保証金の還付に よって供託額に不 足が生じた場合）	還付の通知を受けた時・不足を知った時から2週間以内に不足額を 供託 ➡供託後2週間以内にその旨を免許権者に届け出なければならない			
供託金の取戻し	宅建業者は、基準日において保証金の額が法定額を超える場合、免許 権者の承認を受けて超過額を取り戻すことができる			

プラスαの❸ : つまり、「基準日から3週間以内」に供託自体をすることも必要。

(2) 住宅瑕疵担保責任保険への加入

 「(1) 供託」に代えて、次の❶〜❸の要件をすべて満たせば、住宅瑕疵
担保責任保険への加入も認められているんですよ！

❶	保険料の支払者は売主である宅建業者であることを約すること
❷	保険金額は2,000万円以上であること
❸	新築住宅の引渡し後の保険期間が、10年間以上であること

狙われる!! 重要過去問【R2(12月)-問45-肢3】

　宅建業者Aが自ら売主として、宅建業者ではない買主Bに新築住宅を販売する場合、A
は、住宅販売瑕疵担保責任保険契約の締結をした場合、当該住宅を引き渡した時から10年
間、当該住宅の構造耐力上主要な部分、雨水の浸入を防止する部分、給水設備又はガス設備
の隠れた瑕疵によって生じた損害について保険金の支払を受けることができる。

答え 　給水設備等の「構造耐力上主要な部分等以外」の瑕疵によって生じた損害は、対
象外となる。　　　　　　　　　　　　　　　　　　　　　　　　　　　　　　✕

45
住宅瑕疵担保履行法

宅建業法

5問免除科目

住宅金融支援機構

12年間で
12回の
出題

住宅金融支援機構は、**毎年1問**出題されています。イメージするのが難しい分野ですが、民間の金融機関が住宅ローンの融資をしやすいように**支援**し、民間の金融機関では**融資しにくいケース**では自ら**直接の融資**を行うことが、住宅金融支援機構の業務です。

1　証券化支援業務（買取型）の流れ

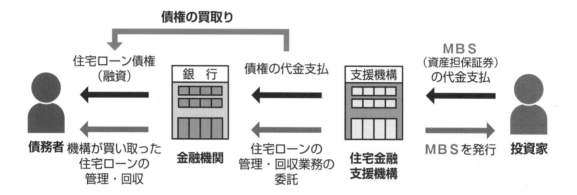

2　住宅金融支援機構の業務等

	融資対象者	申込時に**70歳未満**の者
(1) 証券化支援業務（「フラット35」、買取型）**1** 🔆頻出	融資の対象	申込者本人または**親族**の居住する住宅の建設・購入資金 **2**
	対象住宅（床面積）	● 一戸建て…**70㎡以上** ● マンション…**30㎡以上**
	融資額	**100万円以上8,000万円以下**
	貸付金利	金融機関ごとに異なる
	融資期間	● 15年以上35年以内 ● 完済時に「80歳」となるまでの年数 　｝どちらか短い年数
	金利の形態	● 固定金利 ● 「元利」均等返済方式・「元金」均等返済方式の2種類
(2) 住宅融資保険業務		住宅ローンについて機構が保険を行い、円滑な供給を促す業務
(3) 空家等に関する情報提供等業務 🔧法改正		空家等対策の推進に関する特別措置法に定める「情報の提供その他の援助」を行う業務

(4) 情報提供等業務	住宅の建設・購入・移転等をしようとする者または住宅建設等に携わる事業者に対し、必要な資金の調達、良質な住宅の設計・建設等に関する情報等を提供する業務
(5) 団体信用生命保険に関する業務	住宅ローンの債務者と契約を締結して、債務者が死亡・重度障害となった場合に支払われる生命保険の保険金を住宅ローンの弁済に充当する「団体信用生命保険」に関する業務
(6) 直接融資業務（❶～❽の資金等の貸付け）💡頻出	❶ 災害復興建築物の建設・購入、被災建築物の補修に必要な資金
	❷ 子どもを育成する家庭や高齢者の家庭に適した、良好な居住性能・居住環境を有する賃貸住宅の建設・改良に必要な資金
	❸ 高齢者の家庭に適した良好な居住性能等を有することを目的とする住宅の改良に必要な資金
	❹ 高齢者の居住の安定確保に関する法律に定める「高齢者向け優良賃貸住宅」とすることを目的とする中古住宅の購入に必要な資金
	❺ 勤務先等に財形住宅融資制度がない等の理由で融資を利用できない人に対する、財形住宅融資（機構財形）の貸付け
	❻ 合理的土地利用建築物の建設・マンションの共用部分の改良に必要な資金
	❼ 地震に対する安全性の向上を目的とする住宅の改良に必要な資金
	❽ 住宅のエネルギー消費性能の向上を主たる目的とする住宅の改良に必要な資金
貸付条件の変更	災害・その他の特殊な事由により、元利金の支払が著しく困難となった場合は、機構は、貸付けの条件の変更または延滞元利金の支払方法の変更をすることができる◀3
業務の委託◀4	❶ 一定の金融機関　❷ 法定の債権回収会社　❸ 地方公共団体等 ┃ に対して、住宅ローンの元金・利息の回収等の委託ができる

プラスαの❶ 省エネ性能等に優れた住宅を取得する際に利率が引下げとなる「フラット35S」という仕組みもある。

❷
- リフォーム資金のみの融資は対象とならない。
- 中古住宅の購入に付随する当該住宅の改良は、融資の対象となる。
- 建設・購入に付随して取得する土地または借地権の取得資金も含む。

❸ 返済そのものを免除することはできない。

❹ 「(4) 情報提供等業務」や「貸付けの決定自体」を委託することはできない。

✍ **狙われる!! 重要過去問【R2(10月)-問46-肢3】**

　　機構は、証券化支援事業（買取型）において、賃貸住宅の建設又は購入に必要な資金の貸付けに係る金融機関の貸付債権については譲受けの対象としていない。

答え 申込者本人または親族が居住する住宅の建設・購入資金のみが対象となる。　〇

5 問免除科目

46 住宅金融支援機構

5問免除科目

公正競争規約

公正競争規約（景品表示法）は、**毎年1問**出題されています。昨年度は**大幅な改正**があったので、その時に**追加・変更**された表示を中心に、広告等に**表示しなければならないこと**をしっかり覚えましょう。

【公正競争規約】 💡頻出

公正競争規約では、まずは「1年」等、**具体的な数字**があるものを覚えましょう。次に"顧客視点"で、広告等に**表示してほしい事柄や誤解が生じやすい表示**がどのようなものか、考えながら覚えましょうね！

物件の種別	一棟リノベーションマンション	共同住宅等の一棟の建物全体（内装・外装を含む）を改装・改修し、マンションとして住戸ごとに取引するもので ❶当該工事完了前、もしくは当該工事完了後**1年**未満のもの、かつ、 ❷当該工事完了後、居住の用に**供されていない**もの
	一棟売りマンション・アパート	マンションまたはアパートで、その建物を**一括して**売買するもの
	小規模団地	販売区画数または販売戸数が**2以上10未満**のもの
特定事項		土地が擁壁によって**おおわれていない**がけの「上または下」にあるときは、その旨を明示する ➡この場合で、その土地に建築（再建築）するにあたり**制限**が加えられているときは、その内容を明示する
交通の利便性・各種施設までの距離・所要時間等		鉄道等の最寄駅等からバスを利用するときは、❶最寄駅等の名称、❷物件から最寄りのバスの停留所までの**徒歩所要時間**・同停留所から最寄駅等までの**バス所要時間**を明示して表示する
		電車・バス等の交通機関の所要時間 ➡次の事項を表示する ●起点および着点とする❶鉄道等の駅等・❷バスの停留所の名称を明示する ●特急・急行等の種別を明示する ●朝の通勤ラッシュ時の所要時間を明示する🔲**1** ●乗換えを要するときは、❶その旨を明示し、❷所要時間には乗換えにおおむね要する時間を含める
		●道路距離または所要時間を算出する際の物件の起点➡物件の区画のうち「駅その他施設」に最も近い地点とする ●駅その他の施設の着点➡その施設の出入口とする🔲**2**

交通の利便性・各種施設までの距離・所要時間等	団地と駅その他の施設との間の道路距離または所要時間➡取引する区画のうち、それぞれの施設ごとに、その施設から最も近い区画を起点として算出した数値とともに、その施設から最も遠い区画を起点として算出した数値も表示する**❷**
	学校・病院・官公署・公園その他の公共・公益施設 ➡次の事項を表示する 　●現に利用できるもの 　●物件からの**❶**道路距離または**❷**徒歩所要時間を明示する 　●その施設の名称
物件名称の使用基準	物件が公園等の施設・海等から直線距離で**300m**以内に所在している場合は、これらの名称を用いることができる
	物件から直線距離で**50m**以内に所在する街道その他の道路（物件が面していなくてもよい）の名称（坂名を含む）を用いることができる
未完成の新築住宅等の外観写真	取引する建物が建築工事の完了前である場合、取引する建物を施工する者が過去に施工した建物であり、かつ、次の条件を満たすものに限り、他の建物の写真・動画を用いることができる**❸** 　●建物の外観➡取引する建物と構造・階数・仕様が同一で、規模・形状・色等が類似するもの**❹** 　●建物の内部➡写される部分の規模・仕様・形状等が同一のもの
価格の二重表示	【二重価格表示をするための要件】 　●過去の販売価格の公表日および値下げした日を明示すること 　●比較対照価格に用いる過去の販売価格は、値下げの直前の価格で、値下げ前**2ヵ月以上**にわたり実際に販売のために公表していた価格であること 　●値下げの日から**6ヵ月以内**に表示すること 　●過去の販売価格の公表日から二重価格表示を実施する日まで、物件の価値に同一性が認められること 　●土地（現況有姿分譲地を除く）または建物（共有制リゾートクラブ会員権を除く）について行う表示であること

プラスαの❶ 平常時の所要時間を、その旨を明示して併記することができる。

❷ マンション・アパートにあっては、建物の出入口を基準とする。

❸ ❶写真・動画が他の建物である旨、および、❷取引する建物と異なる部位を、写真の場合は写真に接する位置に、動画の場合は画像中に、それぞれ明示する。

❹ 写真・動画を大きく掲載するなど、「実際に取引する建物である」と誤認されるおそれのある表示をしてはならない。

5 問免除科目

47 公正競争規約

📝 **狙われる!! 重要過去問**【R5-問47-肢2】

直線距離で50m以内に街道が存在する場合、物件名に当該街道の名称を用いることができる。

答え 物件から直線距離で**50m**以内に所在する**街道**等の名称は、用いることができる。

○

学習7日目

ズバリ予想！

48

5問免除科目

土地・建物の統計等

12年間で **12**回の出題

統計等は、**毎年1問出題されています。地価公示・新設住宅着工戸数・土地白書**から「**3肢**」は、ほぼ毎年、残り1肢が、法人企業統計または国土交通白書から出題されています。数字だけでなく、前年からの**上昇・下落や増減の傾向**からも出題されることに注意しましょう。

1 地価公示の動向（「令和6年地価公示」、令和6年3月公表）

令和5年1月以降の1年間の地価は、次のとおりとなる。

全国平均	● 全用途平均 ┐ ● 商業地 ├ 3年連続の上昇、上昇率が拡大した ● 住宅地 ┘ ● 工業地 → 8年連続の上昇
三大都市圏 平均	● 全用途平均 ┐ ● 商業地 ├ 3年連続の上昇、上昇率が拡大した ● 住宅地 ┘ ● 工業地 → 10年連続の上昇
地方圏平均	● 全用途平均 ┐ ● 商業地 ├ 3年連続の上昇、上昇率が拡大した ● 住宅地 → 3年連続の上昇、前年と同じ上昇率 ● 工業地 → 7年連続の上昇

2 建築着工統計（「新設住宅着工戸数（令和5年計）」、令和6年1月公表）

令和5年の新設住宅着工戸数は約**82.0万戸**（約**81万9,600戸**）であり、前年比4.6%減（3年ぶりの減少）となった。

利用関係別		戸数	前年比増減率	増減の傾向
持家		約22.4万戸	▲11.4%	2年連続の減少
貸家		約34.4万戸	▲0.3%	3年ぶりの減少
分譲住宅（総計）		約24.6万戸	▲3.6%	3年ぶりの減少
	マンション	約10.8万戸	▲0.3%	昨年の増加から再びの減少
	一戸建て	約13.7万戸	▲6.0%	3年ぶりの減少

3 法人企業統計（「令和4年度法人企業統計年報」、令和5年9月公表）

	売上高・経常利益	前年度比増減率	増減の傾向
不動産業の売上高	約46兆2,000億円	▲4.8%	2年ぶりの減少
不動産業の経常利益 **1**	約5.9兆円	▲2.0%	2年ぶりの減少

プラスαの1 不動産業の売上高経常利益率は12.8%（3年連続の増加）で、全産業の売上高経常利益率（6.0%）を、大幅に上回っている。

4 宅建業者数（「令和4年度宅建業法の施行状況調査結果」、令和5年10月公表）

総計	12万9,604業者（約13万業者）	
法人業者・個人業者の別	❶ 法人	約11万6,000業者
	❷ 個人	約1万3,000業者
免許別	❶ 知事免許	約12万6,700業者
	❷ 大臣免許	約2,900業者
増減の傾向	9年連続の増加	

本書編集時点では未公表の「令和6年版 土地白書」（国土交通省）の「統計データ」等を、住宅新報出版ウェブサイトでお知らせいたします。詳細は、本書「P.6」をご確認ください。

狙われる!! 重要過去問【R4−問48−肢1改】

建築着工統計調査報告（令和5年計。令和6年1月公表）によれば、令和5年の新設住宅の着工戸数のうち、持家は前年比で増加したが、貸家および分譲住宅は前年比で減少した。

答え 令和5年の新設住宅の着工戸数のうち、持家は2年連続の減少、貸家および分譲住宅は3年ぶりの減少となった。　✕

土地は**毎年1問**出題されていますが、そのほとんどが**宅地としての適
性**を問うものです。水害に対する強弱や土砂崩れの危険性等から、宅地
に適しているかどうかを判断できるようにしましょう。

1 「宅地」に適しているか否か

土地の位置やその成り立ちから、**宅地に適しているかどうか**、どんな
災害が発生しやすいかなどをイメージしましょうね！

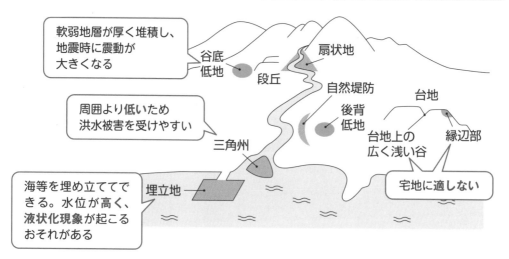

	「宅地」に適しているか否か	例外・注意点	
山麓部	適している	❶ 山麓部の谷の出口 ❷ 土石流によって造られた山麓部	適して いない
丘陵地・ 台地・ 段丘	適している	❶ 縁辺部 ❷ 丘陵を削って谷を埋めた部分 ❸ 台地上の広く浅い谷 ❹ 盛土部と切土部の境	適して いない

低地	❶ 谷の出口 ❷ 旧河道 ❸ 自然堤防に囲まれた後背低地等 ❹ 臨海部	適していない	❶ 自然堤防 ❷ 扇状地 ❸ 昔の天井川等で現在は廃川になっている場所	宅地として利用可能
埋立地・干拓地	適していない		● 埋立地は、海抜数mの比高があり、適正な宅地造成工事が行われていれば、宅地として利用可能 ● 干拓地は、海面以下または海面と同じくらいの比高であり、埋立地より水害等の危険性が高く、宅地に適していない	

2 用語の定義等

液状化現象	● 大きな地震の揺れにより、地盤が液体状となること ● 粒径のそろった砂地盤で、地下水位が高い（＝浅い）と起こりやすい
不同沈下	地盤強度にばらつきのある敷地や軟弱地盤上に建てられた建物等が、自重等によって不均等に沈下する現象
等高線	● 地図上で同じ海抜高度の地点を結んだ線 ● 等高線が狭いと傾斜が急な場所を、等高線が広いと傾斜が緩やかな場所を表す
断　層	● 岩盤に力が加わることで生じる岩盤のずれのこと ● 断層に沿った崩壊や地滑りが発生する危険性が高い
土石流	長雨や集中豪雨等によって、山腹・川底の石や土砂が一気に下流へと押し流される現象
自然堤防	河川の流路に沿って形成される微高地のこと
扇状地 ❶	狭い山間地を流れる急流河川が広い平地に出た時、その流れが弱まることにより、運ばれてきた土砂が扇状に堆積してできた土地
三角州 ❶	河口付近に河川によって運ばれてきた土砂が三角形に堆積してできた地形
天井川	砂礫の堆積により、川底が周辺の平面地よりも高くなった川

プラスαの❶ 扇状地は山間地から平地に抜けたところに形成され、三角州は河口付近に形成されるという違いがある。

狙われる‼ 重要過去問【R2(12月)-問49-肢3】

埋立地は、一般に海面に対して数mの比高を持ち、干拓地に比べ自然災害に対して危険度が高い。

答え 　埋立地は、一般に海面に対して数mの比高を持つので、干拓地よりも自然災害に対して危険度が低い。　✕

学習7日目

ズバリ予想！

50

5問免除科目

建　物

12年間で
12回の
出題
★★★★★

建物は**毎年1問**出題されています。建築物の構造形式による**耐震性・耐火性の違い**や、木材やコンクリート等の**材料の特性**等がよく出題されていますので、きちんと押さえておきましょう。

1　建築物の構造形式

	特　徴	長　所	短　所
木　造	❶骨組みを外に出す真壁造と❷骨組みを内部外壁で包んで外に出さない大壁造に大別される	● 加工や組み立てが容易 ● 軽量な割に強度が大	● 燃焼に弱い ● 湿気に弱く腐りやすい ● シロアリに弱い ● 含水率により変形が大きくなる
鉄骨造	ラーメン構造やトラス構造等の多くの構造形式で利用される	● 粘り強く、耐震性が高い ● 鉄筋コンクリート造に比べて軽量 ● 大空間の建築物や高層建築物に適する	● 燃焼に弱く、耐火被覆が必要 ● 腐食しやすく、防錆処理が必要 ● 座屈しやすい
鉄筋コンクリート造	ラーメン構造や壁式構造等、多彩な構造形式が選択可能	● 耐火性が高い ● 耐久性・耐震性が高い ● 自由な形状に造形可能	● 自重が大きい ● 品質にばらつきが生じやすい
鉄骨鉄筋コンクリート造	鉄筋コンクリート造に対してさらに強度と靭性を高めた構造	● 鉄骨造よりも耐火性が高い ● 鉄筋コンクリート造よりも耐震性が高い ● 大空間の建築物や高層建築物に適する	● 鉄筋コンクリート造よりもさらに自重が大きい ● 施工工程が長期となる ● 品質にばらつきが生じやすい ● 施工費が高い

2　耐震構造

耐震構造（狭義）	建物の剛性（形状変化のしにくさ）を高め、地震や強風等の力で建物が揺れても耐えられるような設計構造
免震構造	基礎と土台との間に積層ゴム等の特殊な**免震装置**を設置し、地震が起きた時の地面の揺れを建物に**伝わりにくく**する設計構造
制振構造	建物内部の柱等に**ダンパー**等を組み込んで地震のエネルギーを吸収し、建物の揺れを**低減**する設計構造

3 基礎

直接基礎	建築物の荷重を、杭等を用いずに基礎を通じて直接地盤に支持させる方法	フーチング基礎	柱や壁の直下に基礎を設けて、建築物の荷重を地盤面に分散させる形式	独立基礎	柱の位置の下に単独で設けられる
				連続基礎（布基礎）	建築物の壁面等の下に沿って連続して帯状に設けられる
		ベタ基礎	上部構造の荷重を床面（底部）全体で支持する形式		
杭基礎	建築物の荷重を杭を用いて支える方法	支持杭	杭先端を、軟弱地盤を貫いてさらに下部の強固な地盤に到達させ、杭先端の支持力によって建築物の重量を支えるもの		
		摩擦杭	杭周面と土の摩擦力で建築物の重量を支えるもの		

4 建築材料

木 材	長 所	①鋼材やコンクリートに比べ軽い　②弾性が大　③熱伝導率が小
	短 所	①可燃性物質である　　②吸湿・吸水性が高い ③乾燥による変形が大　④腐朽しやすい
	含水率	●木材中に含まれる水分の割合のこと ●含有率が低いほうが、強度が高い
コンクリート	定 義	セメント・水・細骨材（砂）・粗骨材（砂利）を混練し、硬化させたもの**1**
	長 所	圧縮強度が高い**2** **3**
	短 所	①引張り強度が低い　②靭性（粘り強さ）が小**2**
鋼 材	長 所	①引張り強度が高い　②靭性が大**2** **3**
	短 所	①熱に弱い　②圧縮強度が低い　③錆びやすい**2**
	炭素鋼	鉄鋼には一般的には炭素含有量0.02〜2%の炭素鋼が用いられる

プラスαの1：粗骨材を入れず、セメント・水・細骨材だけを混練➡モルタルとなる。

2：鉄筋コンクリート構造は、コンクリートと鋼材が互いの短所を補い合う構造である。

3：鉄筋とコンクリートは、線（熱）膨張係数が非常に近く、互いに相性が良い。

🖋 狙われる!! 重要過去問【R3（10月）−問50−肢4】

> 鉄骨構造は、工場、体育館、倉庫等の単層で大空間の建物に利用されている。
>
> **答え**　鉄骨構造は自重が軽く、靭性が大きいので、大空間の建物に利用されている。○

5問免除科目

50 建物

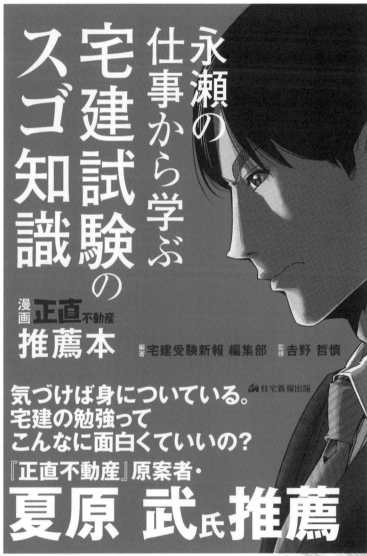

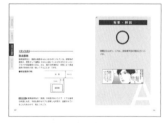

【著者紹介】

宅建士合格研究ゼミナール

　バツグンの分析力を武器に多数の合格者を輩出する現役講座講師や、人気宅建士受験書の執筆者、複数の資格を保持して活躍中の実務家など、資格受験界のプロから構成される頭脳集団。受験指導の実績と膨大な過去問の鋭い分析から導き出した緻密なデータを駆使して、令和6年度本試験においても多数の「ズバリ的中！」を狙う。

【本書へのお問合せ】

　本書の記述に関するご質問等は、**文書**にて下記宛て先にお寄せください。お寄せ頂きましたご質問等への回答は、若干お時間をいただく場合もございますので、あらかじめご了承ください。また、**電話でのお問合せはお受けいたしかねます。**

　なお、当編集部におきましては、記述内容をこえるご質問への回答および受験指導等は行っておりません。何卒ご了承のほどお願いいたします。

宛て先　　〒171-0014　東京都豊島区池袋2-38-1
　　　　　（株）住宅新報出版
　　　　　FAX（03）5992-5253

**正誤による修正の情報等に関しては
下記ウェブサイトでご確認いただけます。**

情報の公開は「2025年版」発行までとさせていただきます。
ご了承ください。

https://www.jssbook.com

◎表紙デザイン　　Malpu Design
◎本文イラスト　　須藤 裕子
◎組　　　版　　　朝日メディアインターナショナル（株）

2024年版　宅建士 ズバリ予想！テーマ50

2021年7月5日　初版発行
2024年6月14日　2024年版発行

編　著　　　宅建士合格研究ゼミナール
発行者　　　馬　場　栄　一
発行所　　　（株）住 宅 新 報 出 版
印刷・製本　（株）広 済 堂 ネ ク ス ト
　　　　　　〒171-0014　東京都豊島区池袋2-38-1
　　　　　　電話（03）6388-0052

Printed in Japan
ISBN　978-4-910499-84-0　C2032